明治図書

小学校国語科

物語の教材研究大全 3・4年

松本修 監修
山口政之・西田太郎 編著

はじめに

文学の学習をデザインし、授業をつくっていくという営みにおいて、学習の過程を構造的に構想し、その枠組みの中で学習内容を配置するような試みが増えています。それは、ひとつには、学習の内容をいわゆるコンテンツベースからコンピテンシーベースに転換する学習観が、学習指導要領においても明確化されてきたことからきています。また、もうひとつには、その転換を受けて、評価のあり方が「何ができるようになったか」に焦点化され、評価の対象となる力を構造的に捉えたところから、学習を組み立てようとする傾向が強まったところからきています。淵源には、学習科学の進展があると思われます。

しかし、一方では、学習は教科や教材の特性と不可分なものですし、とりわけ国語科においては、いわゆる教材研究・教材化研究の重要性が長く大切にされてきました。そのことの意味はもう一度見直されなければなりません。

私たちはこれまで、いくつかの本を通して、文学教材を読むときの「問い」をめぐる読みの交流の大切さ、交流による読みの深まりを促す「問い」のあり方、有効な「問い」を創り出すことの大切さを主張し、具体的な教材に即してその「問い」の事例や交流のすがたを提示してきました。私たちの願いは、一人一人の先生方が、愉しく深い文学の読みを教室で実現するために、交流を促す「問い」づくりの力を身に付け、教師の個性と学習者の個性に合った読みの学習を実現していくというところにありました。

この本は、一人一人の先生方に、学習をデザインし、授業をつくっていくうえで、「問い」づくりの基盤にあるべきたしかな「教材分析」「教材研究」の目を身に付けていくための教材研究の観点を提示し、そこからの学習デザインの事例を示すようなものでありたいと構想されました。

学会レベルでも、教材研究をめぐる状況は一種の危機にあります。学習のデザインや学習過程研究を欠いた教材論は意味がないという認識が進んできたことはある意味当然ですが、行き過ぎると「教材論の不在」という状況を生み出しかねません。文学の教材研究は、その危機の中にあります。ここでは、もう一度、文学の教材論、教材研究の再構築を目指したいと思います。

その際に注意しておきたいことがあります。文学や周辺の研究領域、優れた実践研究の蓄積を踏まえて、先行研究の渉猟と読みにかかわる可能性のある細部の精細な読みという手続きは踏まなければなりません。その一方、子どもの素朴な読みの営みの中にも教材研究のための大きなヒントがあることを大切にしたいのです。その研究の枠組みよって読みを制御するのではなく、自由な読みの中から新たな教材研究（論）が生まれてくることに賭けたいのです。

「教材研究の目」を一覧にするような試みは多くなされてきました。ただ、私たちはそうしたリスト化よりも、一つ一つの教材に即した、具体的な検討を大事にしました。教材研究の目として、語り・空所・象徴・人物像・プロットなどが採りあげられていますが、そうした「目」が概念として先行してしまわないように留意したつもりです。読者のみなさんもそのことに意を留めながら、自分ならこの「目」を大事にしたい、この「目」ならこういう教材分析ができるのではないか、という新たな可能性に向かっていただきたいと願っています。愉しい、充実した文学の学習の実現に、ともに向かっていきたいと思っています。

２０２３年７月

松本　修

目次

小学3・4年

物語教材を読み解く
教材研究の目

教室で文学テクストを読む

近年、読みの学習は、自他の相互作用を通じた解釈形成が前提になっています。改めて教師は、教室での読みが個人的なものではなく、他者とのかかわりの中にある社会的な行為であることを認識しなければなりません。しかし実際には、読みの学習を教師の解釈と学習者の解釈をすり合わせるような場としている教室も少なくありません。また、学習集団による合意によって教室での読みを形成しようとする実践もあるようです。

松本（２００６）は、読むという行為の本質に「意味づける」と「伝える」を挙げています。教室での読みには、他者とのかかわりを通した個人の意味づけが必要なのです。だからこそ読みの学習は、「個人の考え→交流→個人の再考」という基本的な学習展開をもっているのです。

読むという行為への理解として、「テクスト」についても本書での位置付けを共有しておきたいと思います。大掴みに言えば、テクストとは、印字された文字の連鎖である教材テキストに対して、社会文化歴史的な文脈の中にあるもの、読み手によって対象化されたものを指します。テクストは読まれることによって現れるわけですから、教師は教材研究によって、テクスト内で要求される筋、読み手である学習者の参加によって形成される文脈を明らかにしなければなりません。

このような自己とテクストとの関係が、さらに自己と他者という関係によって相乗的な広がりを生み出すことになります。教師には、自己とテクストと他者とのかかわりに対応した教材研究が求められるのです。

「空所」に着目した教材研究の再考

自己とテクストと他者の関係性を踏まえた教材研究に不可欠な概念が、「空所」です。空所は、「読者とテクストとの対話の契機となる」「読みの交流の成立に大きくかかわる」という二つの特徴をもっているからです。

空所は、ヴォルフガング・イーザー（Iser,W.）の受容理論における「呼びかけ構造」に用いられた概念です。代表的な著書である『行為としての読書』には、「その場が空所であって、特定の省略の形をとってテクスト内の飛び地（enclave）を作り出し、読者による占有をまつ。」「空所はテクストにおけるさまざまな叙述の遠近法の間の関係を空白のままにしておき、読者がそこに釣り合いを作り出すことでテクストに入り込むようにする働きをもつ。」（291頁）と述べられています。テクストにはそもそも読者が意味づけなければならない空所があり、またそれを促すシステムが内蔵されているということになります。

空所と対になるシステムが「否定」です。イーザーは、否定について次のように述べています（291頁）。

ところがテクストには、空所のほかに、相互作用を起こさせるための別の場もある。それはさまざまな程度の否定の可能性であって、テクストにおける特定の打ち消しに起因する。空所と否定は、それぞれ別個にコミュニケーション過程の展開を左右するが、読者を誘導する目的では協同効果をもつ。

否定部分は、それまでの読みに疑問を投げかけるような効果をもちます。形成されつつあった文脈が、途端に不安定なものになり、別の選択肢を提示されることになるわけです。さらに否定は、二重の機能があるとされ、第一の否定はテクスト内に浮き上がる想定外の否定を、第二の否定は読者のものの見方や考え方に訴えかける否定を指します。特に第二の否定の重要性が強調されています（山元、２００５）。

空所は、近年提案された新しい概念というわけではありません。一九八〇年代、教室での読者論（読書行為論）が注目され、学習者の読み手としての側面が強調された際に、すでに空所概念は重要なものとして取り上げられていました。詳しい検討がなされ、主として教材論、さらに教材分析への導入というかたちで具体化されてきたのです（例えば、関口、１９８６：田近、１９９３：上谷、１９９７）。

しかし、イーザーの空所を含む受容理論には不安定な部分も指摘されています。テクスト内の不確定性に注目することによって得られる「呼びかけ構造」は、相対的に確定性の存在と向き合うことになります。確定性・不確定性のあいまいさに対する指摘は避けられないものでした（これについては、中村（１９９０）が精緻に検討しています）。また、イーザーの理論を含めた当時の読者論に対する批判もありました。寺田（２０１２）は、「これらの批判は、いずれも「〈読み〉の多様性」を宣言する読者論に、解釈の根拠と妥当性とについての説明を求める声でもあった。」（366頁）と位置付けています。読者の参加を強調するあまり、自分勝手な解釈を認めるような状況には、注意を払わなければなりません。このような批判を共有したうえで、本稿では空所や否定を契機とした読みを確認し、教材研究に用いることを改めて提案していきます。

読者とテクストとの対話の契機となる「空所」

ここで、空所と否定を含めたイーザーの受容理論（読書行為論）に関する上谷（１９９５）の整理を参照したいと思います。上谷は、**表1**のように整理を行っています（180頁）。

表1にある結合軸（シンタグマ軸）は、テクスト内の字句の連鎖がつくる関係を表しています。テキスト化されていない部分に対する主述や修飾関係といった文や段落の言語形式や文章構造の整合性にかかわるものです。選択軸（パラディグマ軸）は、テクスト外の読者による意味内容付与の幅を表しています。文・段落単位から文脈として形成されたものにまで、これに対する読者からの意味づけの選択肢を示すものです。

	局面	契機	作用	様相	レベル
結合軸	テクストの内部関係	空所	結合（組み合わせ）	主題—地平構造	筋（形式）
選択軸	テクストと外部（外界・読者）との関係	否定	選択	前景—背景関係	意味内容（内容）

表１　読み方の諸相
（上谷，1995，p.180より引用）

つまり、テクスト内の筋道に空所があり、読者はこれを形成されつつある文脈によって意味づけようとする、ただし、空所に対する意味づけは、読者の知識や経験、あるいは印象といったものによって他の可能性が示唆され、更新を余儀なくされます。読者がテクストにかかわるきっかけであると同時に、テクストがもつ一定の方向を意識した読者がその中で文脈形成に至る対話の場なのです。

難波（１９９４）は、空所概念に類似するホルブ（Holub,R.C.）の扱った「空白」を「多様性の発現点」と言い換え、「シンタグマティック・パラディグマティック各構造の分析を通して多様性の発現点を決定し、その可能な解釈を考えて全体の可能な解釈を考える」（50頁）という試みを行っています。難波の分析は詩を扱ったもので、具体的には語と語の意味・文法・結束関係等の言語形式からの分析によって、部分に隠された空所を特定し、複数の妥当な解釈を導き出しています。部分の分析から全体にかかわる解釈の多様性の発見するような考え方と言えます。教材研究において、より重大な空所を見極め、局所的な分析を行うことで、テクスト全体の解釈の可能性を導き出すという手続きが見えてきます。

難波の手続きからもわかるように、空所は単なる読み手の想像の余地ではありません。山元（１９９２）は、イーザーがインガルデン（Ingarden,R.）の〈不確定箇所〉という概念と対比しながら述べていることに触れ、空所を次のようにまとめています（83頁）。

このように、〈blanks（空所）〉は、読者による〈結合〉の可能性を指し示す部分なのである。それゆえ、想像の余地というような捉え方だけではイーザーの言う〈blanks（空所）〉の機能を十全に捉えたことにならない。むしろテクストの表現に対する私たちの解釈を暗黙裡に活性化するということこそ〈blanks（空所）〉の最大の機能であると言ってよい。

さらに山元は、空所は「記号の欠如」ではないとしています。断片の端あるいはテクストの亀裂を探すのではなく、空所とは断片の連続によって結合に迫られるような部分が空所なのだということです。

読みの交流の契機となる「空所」

空所や否定を契機とした読みを実現する要は、交流にあります。ここまで述べてきたように、空所は自己とテクストとの関係の中で見出されたシステムではありますが、学習者が文脈形成に至る対話の場は、自己と他者との対話の場でもあるのです。

山元（２０１４）は、ナラトロジー（物語論）研究や交流理論を念頭に、読みの学習に求められる読みの方略として、ヴァイポンドとハント（Vipond & Hunt,1984）の言う〈情報駆動〉、〈物語内容駆動〉、〈要点駆動〉という三つの様式を挙げています。山元は概ね次のように解説しています。

―〈情報駆動〉　読者の主な目的が、作品から学んだり、情報を取り出したりすることにある読み

〈物語内容駆動〉読者の主な目的が、作品に描かれた世界を「生き延びる」ことに置かれるような読み
〈要点駆動〉作品の「評価構造」に基盤を置きながら、作品の話題を探る読み

また、山元は、〈要点駆動〉の読みと他の二つの読みとの違いについて、「読みつつある文章の枠を超える読みであり、筆者（作者）と読者との協働によって成り立つ読みだからです。」（73頁）と述べています。さらに、山元（2005）では、「コミュニケーション行為としての文学教育で目指すのは、〈話しあい〉によって学習者のテクスト理解を〈情報駆動〉〈物語内容駆動〉のものから〈要点駆動〉のものへと展開させていくということである。」（663頁）としました。〈要点駆動〉の読みに至る解釈形成過程は、まさに空所や否定を契機とした自己とテクストと他者との対話の場を求めていると考えられます。

松本（2015a）は、「〈空所〉が〈空所〉として機能するためには、他者の読みとの具体的な交流が意味を持っているのである。」（79頁）と述べます。空所や否定が個々の読者の中に閉じられた状況では、このシステムを享受できるか否かは個々の読者が背負うことになります。もしも、他者との交流が意図的に仕掛けられた空所にかかわる問いであったなら、空所や否定を契機とした読みが発揮される可能性は高くなるはずです。

松本（2011）は、読みの交流を成立させるための問いを求める現場の声に応じて、次のような読みの交流を促す〈問い〉の五つの要件を提案しています（84頁）。

a 表層への着目　b 部分テクストへの着目　c 一貫性方略の共有
d 読みの多様性の保障　e テクストの本質への着目

ここにある、aやbは結果的に空所部分へ注意を向けることになりますし、dは否定の可能性を担保してい

ることにもなります。また、cは、必ずしも空所部分に限ったものではありませんが、むしろ空所を契機とした読みに対して結束性や妥当性という側面から自己とテクストとの対話をもたらすことになるでしょう。桃原（2010）は実践を通して空所にかかわる問いによって、学習者が〈要点駆動〉の読みに至ることを確認しています。松本（2015a）は桃原実践を取り上げ、読みの交流を促す問いの要件、特にeに関して空所とのかかわりを次のように述べています（80頁）。

読みの交流を促す〈問い〉として、五つの要件を満たすような〈問い〉は、特に「テクストの本質への着目」＝交流方略にかかわって、原理的に〈空所〉を顕在化させる役割を持っている。しかし、〈空所〉が顕在化したからと言って、必ず読みの交流が達成されるとは限らない。要点駆動に状況がアフォードするように場を作り替えるのは〈問い〉だけではなく、他者との交流の場があることと、複数の〈問い〉がかかわることなども、そのような場の作り替えにかかわっていく。イーザーの概念を徹底して読み手の側から捉え直すことが、読みの交流の学習を成立させるための前提であるということになる。

学習者が他者とかかわりながら〈要点駆動〉の読みを実現するために、空所は読みの学習において明示化されなければならないと言えるでしょう。

メタレベルからの読みを想定した教材研究

ここまで、なぜ空所に着目した教材研究が必要なのか、述べてきました。では、具体的にはどのような分析になるのでしょうか。空所を起点にした実際の教材研究については、本書に述べられていきますが、各教材の

「教材研究の目」に共通する読みの方略として、メタレベルからの読みついて触れておきます。

「大きな空所を探す」という作業は、教師が一人の読者として実感できるものです。ただし、読みの学習を念頭にした教材研究は、単なる読書活動の設計を目的としているわけではありません。闇雲にテクスト内の空所を探すのではなく、先に挙げた「部分の分析から全体にかかわる解釈の多様性の発見」という考え方を活かすことになります。

それぞれのテクストの言語形式には表現の特質として、結果的に空所になりやすい部分があります。それは、メタレベルからのテクストへのかかわりが必要となる箇所です。メタレベルからの読みは、例えば、象徴や暗示、物語構造、語り、主題など、テクストの表象部分に対する俯瞰的な読みを指します。〈情報駆動〉・〈物語内容駆動〉から〈要点駆動〉へという、テクストに対する評価意識を学習者に求める読みにも見られます。〈要点駆動〉の読みは三つの方法から生まれると山元（2014、72-73頁）は説明します。①「結束性を求めて読む」方法、②「物語の表層に注目する」方法、③「作品を、作者・語り手・登場人物のあいだのやりとりとして読む」方法です。これらは、読みの交流を促す〈問い〉の五つの要件に合致するものです。テクストをメタレベルで捉え俯瞰的に批評していくことができるような箇所を探すということが、読みの交流の成立及び〈要点駆動〉の読みを生み出すために不可欠であると言えます。

発達段階に応じた教材研究（中学年）

小学校中学年の学習者とは、どのような読み手なのでしょうか。山元（2005）は、ブリストン（Britton,J.）やアップルビー（Applebee,A.N.）の理論を踏まえ、文学テクストに向かう学習者の読みを「参加者的スタンス」と「見物人的スタンス」と位置付け、発達段階における分布と変化を分析しています。それぞれのスタンスの基準は、次のように示されています（541頁）。

- ・スタンス未形成　表層的な反応等、テクストに対する身構えがいまだ形成されていない水準。
- ・参加者的スタンス　主として登場人物の心情に寄り添い、人物に共感し、同化した反応を示す水準。
- ・見物人的スタンス①　登場人物に対してある一定の距離をとりながら反応を示す水準。登場人物を何らかのかたちで評価した語（「やさしい」「思いやりがある」等）を伴うもの。肯定的な評価・否定的な評価双方を含める。
- ・見物人的スタンス②　〈見物人的スタンス①〉にかなり近いが、登場人物相互の関係づけを捉えつつ、人物の言動についての評価を行っている水準。①よりも物語世界を対象化している度合いは大きい。
- ・見物人的スタンス③　作中の登場人物の言動の読み取りを、読者としての〈私〉の問題へと結びつける水準。作品の主題を捉え、それを典型化しているもの。

調査結果によれば、小学生の学年段階におけるスタンスの変化は「参加者的スタンス」から「見物人的スタンス」へ移行していることが認められています。中学年の学習者は、その移行期に当たります。「参加者的スタンス」と「見物人的スタンス」の大きな差は、テクストへのメタ的なかかわりです。まさに先述したようなメタレベルからの読みを経験し、実践していく時期と言えるでしょう。だからこそ、空所に着目した教材研究によって、自己とテクストと他者との対話ができる場を創り出す問いを設定し、学習者のメタレベルからの読みを実現していかなければならないのです。

小学3年

物語の教材研究&授業づくり

教材研究の目 設定・人物 1

教材文：『国語三下　あおぞら』光村図書（令和二年度版）より引用

①「かげおくり」の意味

物語は、家族全員で「かげおくり」をする様子から始まります。


「お父さん」…体が弱い。出征することが決まっている。自らの戦死を予感している。

「お母さん」…夫の死への不安。子どもたちに気取られたくないように心を仕舞い込んでいる。

「お兄ちゃん」…父親から「かげおくり」を教えてもらい、妹と楽しく遊ぶ。

「ちいちゃん」…兄同様、「かげおくり」を楽しむ。


おなじ「かげおくり」でも両親と子どもたちの間には違う「記念写真」が思い描かれていたことがわかります。体の弱いものが戦地へ出されることから、戦況が追いつめられているということ、またかけがえのない者を死に追いやるものへの怨嗟の思いがあることがわかります。しかし、子どもたちは無垢な存在であり、しばらく遊びに興じることができる日常が表現されています。父親は戦地に行き、残された家族は空襲の被害に巻き込まれ、「ちいちゃん」は母、兄とはぐれ独りぼっちになってしまいます。一人防空壕で弱っていく「ちいちゃん」は、幻の中で家族と再会し、思い出の「かげおくり」をしながら短い命を閉じてしまいます。その中で、学習者にとって「ちいちゃん」の命が助かるはずだったと思える二つの場面があります。

「知らないおじさん」……「お母さん」とはぐれた「ちいちゃん」を抱いて走ってくれた。暗い橋の下に着いた時お母さんらしき人を見つけたため、去っていった。
「はす向かいのおばさん」……一人でいる「ちいちゃん」に声をかけ、一緒に家までつれていく。焼けた家で待つと言った「ちいちゃん」の健気さに打たれ、置いて行ってしまう。

おじさんの精一杯の善意も、おばさんの善意も、その善意に背く形で「ちいちゃん」を見放さざるをえない行動に帰結するという、空襲下の現実を読み取ることができます。

②理解と共感のバランス

このような悲劇的な教材を授業で扱う時に問題となるのは物語の筋やディテールの把握といった理解の面と情緒的な面のバランスをどうとるかということです。前者に偏れば感動を得られないままとなってしまうし、後者に偏れば、筋道立てて読む能力を鍛えることなく学習が終わってしまいます。松本（２０１３）は、学習者にとって「ちいちゃんのかげおくり」の読みの交流は「つらい」のではないかと述べています（７頁）。

「ちいちゃんのかげおくり」は、（中略）ちいちゃんの死の理不尽さを、出征の前のささやかな別れの儀式や、（中略）ちいちゃんを見捨てざるを得ない大人、時代を経ての平和な光景との対比、などを通して描いている。それを対象化しつつ受け止めることで、戦争の酷薄さを読み考えることのできる作品であろう。しかし、小学校３年生が教室で読みを交流するには、そこまでのことがつねに可能だとは思えない。教材として、どこに学習を成立させるかは、子どもの実態に即して良く考える必要があると思う。

教材研究の目

作品の構造と展開 2

①場面とその構造

あまんきみこ「ちいちゃんのかげおくり」は、絵本として一九八二年にあかね書房から出版され、光村図書が一九八六年から小学校教材として教科書に採録、現在も三年下の教材として採録されています。一つの文学作品として、また小学校国語科の教材として、様々な評価があります。が、物語の展開や構成の確かさに支えられ、特に「ちいちゃん」の魂が天に召される場面の美しさは、感動を誘います。

読者の中心人物である「ちいちゃん」の心情に寄り添いながら場面を具体的な像として頭に描きながら読み進めていくと、強く心を揺さぶられます。その気持ちが読み手の作品への強い興味関心と、内容をより深く理解しようとする意欲を生み出していきます。そして、作品自体も表現・内容等においてそれに応えるだけの深さをもっています。読み手はその深さに気付きながら主体的に作品を読むことができるので、教師の問いが重要になることが考えられます。

場面ごとに時間を表す言葉が明確に示され、全体は五つの場面に分かれています。第一場面と第四場面では、「かげおくり」が同じような表現で書かれています。第一場面では、家族みんなで「かげおくり」をして「ちいちゃん」は楽しい気持ちになります。一方で第四場面では、家族とはぐれてしまいつらい気持ちを味わいます。そして、衰弱していく中で（幻の中で）家族と再会し、思い出の「かげおくり」ができうれしい気分になります。現実の「かげおくり」と幻覚の「かげおくり」という大きな違いが、比較しやすい構造となっています。家族でした「かげおくり」、「ちいちゃん」がたった一人でした「かげおくり」、二つの「かげおくり」の様子を思い浮かべ、第一場面では、両親と子どもたちのそれぞれの「かげおくり」に込める気持ちの違い、第四場面での家族に会えてうれしい気持ちを表しています。この二つの「かげおくり」を比較し、それらの意味を考えさせるような問いが想定できます。ただし、「ちいちゃん」は自分自身の死を自覚していないことが二つの「かげおくり」の類似性を生み出していることに注意が必要です。

②読みのギャップ

「ちいちゃんのかげおくり」の展開には、教師側の読みと学習者の読みにギャップが生まれることが予測されます。教師は総じてこのテクストを読むと、とても悲しい気持ちを抱きます。一方で学習者は、物語の中で起きる出来事自体は悲しいことであるが、最後に明るさを取り戻すような読みをすると考えられます。「ちいちゃん」の不憫な短い人生を目の当たりにし、「ちいちゃん」の身の上に置き換えて考え、「かわいそう」などといった同情的に読む学習者も多くあります。これは学習者なりに文脈を理解した結果と言えますが、時代背景、境遇を背景とした大人の読みと、「ちいちゃん」個人の結末に向けられた学習者の「かわいそう」は同様のものとは言えません。

読みの差が生まれる理由は、大人はテクストの筋や時代背景、登場人物の人物像、登場人物同士の関係性を結び付け、「ちいちゃんのかげおくり」というメタファーが意味するものについて読み取ることができるか、という点でも生まれています。「切なさ」は「悲しさ」のもとです。胸が締め付けられるような辛さを、大人の読者は感じ、これを言語化することができます。第三学年の学習者には難しいところです。感じているのかもしれないが、認識できなかったり、認識はできていても言語化できなかったりするのです。ともすれば教師は、学習者の読みを大人のそれに近づけ、学習者の読みを抑制してしまいます。だからこそ教室では学習者に寄り添った読みが展開される必要があります。

教材研究の目 語り 3

①語り手の人格性

第三学年の学習者にとって、語り手という存在を理解することは容易ではありません。中立的な立場、あるいは中心人物に終始寄り添うような作品では、語り手の存在を感じることは難しく、作者と混同してしまうことも想定されます。語り手が「ちいちゃん」に寄り添いながらも俯瞰的な立場を見せる本教材であれば、語り手を想定した〈問い〉をつくることができます。

「ちいちゃんのかげおくり」の語り手はやや人格性をおびています。冒頭の語りでは、「かげおくりって遊びを」に「って」という口語的な表現を用いることで、親しく語りかけているような立場をとっています。

中盤では、「そうです。」と物語内容に語り手が言及しながら、聞き手（読み手）に直接説明するような形で語っています。さらに、語り手は、登場人物を全て三人称で読んでいることがわかります。「ちいちゃん」は一人称である可能性もありますが、明確に一人称として表れているところはないでしょう。このことから、語り手が第三者として、また、物語内容に対して超越的な立場で登場人物を読んでいることがわかります。

最後に末尾には、死んでしまった作中の登場人物たちとは関係のない視点から、後日談が語られ、語りの場として戻って物語の幕を閉じています。

語りの場が設定されて、語り手が読み手に語りかける構造が基本となっています。語り手はやや人格性を担って現れていることがわかります。語りのマクロ構造は、物語の内容に超越的な語り手が聞き手（読み手）に対して語りかけるような語りの場を想定した語り口で語っています。いわゆる人称視点論では三人称全知視点ということになり、「ちいちゃん」の立場からわからないことも読み手は知っているということになります。

②語りと人物の知覚

語りの特徴として、作中の登場人物の発話や思考の内容に言及する場合、より登場人物に近づいたり、あるいは、遠ざかったりしながら様々な形で言及することができます。

空襲の場面では、出来事の現前性を高めるような表現が見られます。例として、「お母さんの声。」という体言止めによって、暗闇の中で声だけ聞こえた「ちいちゃん」の感覚が提示されているような印象があります。そして、「風があつくなってきました」と継続相表現や「ほのおのうずが追いかけてきます。」の現在形で方向性のある表現によって、炎に追いかけられている「ちいちゃん」の立場からの表現になっています。また「朝になりました。」という表現により、「ちいちゃん」が目覚めたことがわかり、その後に続くことが「ちいちゃん」の知覚に近づき、その後の表現が「ちいちゃん」が見た情景をそのまま提示しているような感覚になります。最終場面では、繰り返される「声が、青い空からふってきました。」という聴覚表現が「から」「てきます」によって方向性が示されており、より「ちいちゃん」の知覚に近づけ、その後に続く体言止めも「ちいちゃん」の知覚の直接的な印象を与えています。語り手にかかわる学習者の解釈について、松本（２０１３）は、「くもった朝が来て、昼がすぎ、また、暗い夜が来ました。」を取り上げて言及しています。この部分を語り手が、出来事を端折って説明しているとして、その日「ちいちゃん」はお母さんを探し歩いていた、という解釈が出されたというのです。先述したように語り手は「ちいちゃん」の知覚に寄っています。松本は「テクストの中に「ちいちゃん」の知覚の提示があること、その表現を関連付けて考えることを促すことで、読みの見直しは可能になる。」（5頁）と述べ、教室での学習として語り手の特性を扱うことを示唆しています。学習者が語り手に着目した読み方を経験する機会となる教材とも言えるでしょう。

教材研究の目 4 象徴表現

①家族の情景

石丸（2010）では、「『かげおくり』の意味するところは、家族愛、家族の絆である。」（22頁）と述べています。「かげおくり」は、「ちいちゃん」の心の中に残る「記念写真」として残っています。だから、「ちいちゃん」はまさに死に直面している時に、死の恐怖を感じることなく、家族との「かげおくり」を通じて家族との再会を果たしたことに喜びを表現しています。

本作品のファンタジー性を言及する場合、終末の「ちいちゃん」の魂が天に召されている描写、空の上の世界の描写、副詞の「きらきら」が取り上げられます。「ちいちゃん」の魂が天に召される時、「きらきらわらいだしました。」と表現しています。これは、もはや現実的な行為ではなく、家族と絶対に離れることがない安心と幸福感に満たされています。語り手は、「ちいちゃん」の魂が天に召される時、死後家族と再会する描写を美しく、ファンタスティックに表現することで、「ちいちゃん」の死の切なさを際立たせています。その表現自体は現実の死のむごさと乖離し、切なる鎮魂の思いが幻想的な光景の抽出を誘導したと言えるでしょう。終末にも今を生きる子どもたちが「きらきらわらい声を」と同じ表現で示されています。これは今の子どもたちも同じ魂の状態であることが示されています。何十年後の今は平和をより効果的に表現することができているのではないでしょうか。

②「空」の役割

このような物語の展開に大きく寄与しているのが「空」です。「空」の描写の表現が、人物の様子や物語世界の状況、テーマなど多くを象徴します。冒頭の「青い空」は家族で「かげおくり」をした「空」であり、「ちいちゃん」と「お兄ちゃん」が「いろいろなかげを」送った「空」です。しかし、そのような「空」であってても物語では「そうです。広い空は、楽しい所ではなく、とてもこわい所にかわりました。」と語られる空になります。すなわち、突然に意図せず極端な変化を遂げるものとして表現されています。「ちいちゃん」が一人でかげおくりをし、魂が天に召されていった時「青い空」と示されています。また「いちめんの空」という描写を含めれば三回語られています。しかも、最後のかげおくりは、「ちいちゃん」の死に直接つながっています。「きらきらわらいごえ」をあげて遊んでいる姿は、戦時下の子どもたちが「かげおくり」をしている姿に重なるものとして表現されています。

このように考えると、「空」は平和→戦争→平和という展開を描き、現在の平和の尊さを象徴しているという読みが得られます。ただ、中村（２０１９）は、終末部で平和な世界から「きょう」と語る語り手の立場を捉えながら、「しかし同時に、これは「小さな女の子＝ちいちゃん」たちの不在を意味する「きょう」でもある。」（83頁）と指摘しています。さらに、「空」は学習者の生きる世界につながり、日々の移ろい、混沌とした世界を象徴するものとして結び付けることができます。「空」は何を象徴しているのか、「ちいちゃんのかげおくり」という物語世界の中での読みと学習者自身の世界に結び付けた読みが期待できる問いになるでしょう。

「空」は、「ちいちゃん」や語り手の視覚によって、情景として立ち現れています。松本（２０２２）は、情景描写をめぐる学習について、「情景描写を読む、学習するということは、それぞれの私に立ち現れる情景について表現し、聴き、語り合うことである。」（7頁）と述べています。「空」にかかわる描写に対して、学習者が三年生なりに、場面の様子や人物の心情を重ね合わせて情景をイメージしていくことが、「空」が象徴するものに対する気付きを生み出すのです。

教材研究を活かした単元計画と発問・交流プラン

1 語り手の立場を知り読みの幅を広げよう

POINT 語り手を意識することで読みの幅を広げる

語り手の立場での読みが想定される問いを設定しました。学習者からの着想というより教師からの問いという形です。第三学年の学習者が語り手の立場を知り、そこでの読みを追究するための問いによって、語り手の存在を明示的にすることが大きな目的と言えます。「ちいちゃん」に同化して読もうとする学習者には、登場人物から語り手へ、読みの立場をシフトさせる経験を積ませることができます。

この物語には多くの抽出表現があるため、読み手は、語り手の説明というより、「ちいちゃん」の知覚を直接提示されているというように読めます。読み手によっては**「ちいちゃん」に寄り添う読みから語り手に寄り添う読み**ができ、読みの幅を広げます。

二次において、**「語り手」**という概念を押さえます。語り手と登場人物のまわりで起きる出来事に触れ、登場人物に寄り添い、知覚を直接提示していることを教えると学習者の理解が促されます。**「そうです。」の問い**で、語り手に人格性があること、三人称全知視点であることを学習者に教えます。「ちいちゃん」が天に召される最後の「かげおくり」で語り手は「小さな女の子」と示しています。**「なぜ『小さな女の子』と言ったのか」**という問いを設定し、物語を深く読むことを促します。

単元計画

次	時	●主な発問〈問い〉　・学習活動	・留意点
一	1	・「ちいちゃんのかげおくり」の時の戦争の様子について知る。	・学習者によっては初めて出合う戦争児童文学であるため，ある程度，戦争についてふれさせる。
	2	**●「ちいちゃんのかげおくり」を読み，初読の問いをつくりましょう。** ・学習計画を話し合いによって決め，学習の見通しをもつ。	・学習者の率直な印象を活かして様々な問いを発表させる。
二	3	**●場面ごとに「○○ちいちゃん」という短い言葉でまとめましょう。** ・その際，ちいちゃんが失ったものをまとめる。交流 ・場面を五つに分け，作品の概要を把握する。	・単に表にまとめるような作業とせず，グループで話し合いながら物語の内容を「○○ちいちゃん」という言葉に表現させる。 ・場面や登場人物を整理する。
	4	**●「そうです」は誰に対して問いかけていますか。** 交流	・「語り手」という学習用語を定着させる。
	5	**●語り手が，最後のかげおくりで「小さな女の子」と言ったのはなぜでしょうか。** 交流	・「ちいちゃん」という呼び名からの変化を確認する。 ・叙述を基に，物語全体を整理していく。
	6	**●第五場面の役割は何でしょうか。** 交流	・ちいちゃんが生きた時と何十年後を比較する。 ・「平和」といった安易な印象だけでなく，第五場面が描いていることを読み取るようにする。
三	7	・他の戦争児童文学を読み，それぞれどんなことを伝えたいのか考える。交流	・「ちいちゃんのかげおくり」との共通点や相違点を交流する。

本時の展開例（第5時）

本時の目標　**語り手の立場を捉え、語り方の変化を考えることができる**

T1では、前時で語り手が人格性を担っていることを理解しています。そのため、語り手の視点を知ることが重要になります。ここでは、一人称か三人称か悩むことが予想されます。「ちいちゃん」が一人称視点で自分のことを固有名詞で語っている可能性もありますが、他の登場人物の呼び方や、周りで起きている出来事を知っているという立場から**三人称全知視点**であることを理解させることができるでしょう。第三学年の実態に応じて、「全てを知っている視点」といった教室内での造語を共有すると、学習が進めやすくなります。

T2では、これまで「ちいちゃん」と示していた語り手が、最後の「かげおくり」では「小さな女の子」と示していることを明示します。このように示した**語り手の意図**を探ることで、より物語を深く読むことができます。叙述を基に自分の考えを表現させたいので、全文テクストを印刷したプリントなどを用意して、着目した箇所に線を引かせるといった手立てが必要です。こうすることによって、**T3**の交流の際、自他の読み方およびその異同を意識化することができます。特に語り手に対する認識をより明確にすることができるでしょう。子どもたちは、交流を通して、語り手がここで示したかったこと、さらに、この作品を通して伝えたかったことを捉えていくことが期待できます。

T4では語り手に込められている思いを考えることで、作品全体を通して伝わってくるテーマやメッセージに迫ることを目指しています。

本時の流れ

	●主な発問〈問い〉 ・学習活動	・留意点
T1	**●語り手の視点はなんですか。** C：「ちいちゃん」が見たことや聞いたことで物語が進む，「人物の視点」だと思います。 C：「ちいちゃん」が知らないこともお話になっているので，「全てを知っている視点」だと思います。	・前時の学習を振り返る。 ・自分のことを固有名詞で呼ぶ場合もあるが，周りで起きている出来事を知っていること，他の登場人物の呼び方などに着目させ，三人称であることに気付かせる。
T2	**●語り手は，最後のかげおくりで「小さな女の子」と言ったのはなぜですか。** C：「ちいちゃん」の魂が天に召されたことを誰にも気付いてもらえなかったから。 C：ほかにも大勢死んでしまったことを言いたかったから。	・学習者が，語り手の視点に着目できたところで，問いを設定する。 ・人物とは異なる語り手だからこそわかることや表せることに意識を向けさせる。
T3	**●考えたこととその根拠を友達と交流しましょう。** C：一人ぼっちだった「ちいちゃん」が誰にも気付かれずに死んでいったことを伝えたかったから。 C：町が一瞬でなくなってしまう空襲であったため，他にも大勢の人が死んでいったことを伝えるため。	・友達と交流して，新たに見つけた根拠には色を変えて線を引かせる。 ・グループなどの少人数で交流後，全体でも共有する。 ・学習者の読みの内容だけでなく，着目した根拠を指摘させる。
T4	**●「小さな女の子」という語りに込められていた語り手の思いは何でしょうか。** C：「ちいちゃん」が死んでしまったことに対する思い。 C：戦争の残酷さを表している。 C：大勢の命を奪った戦争に対する恐ろしさ。	・「ちいちゃん」という呼び方では表せないことはなんだったのか，という対比的な考え方をもたせ，三次の言語活動につなげるようにする。

2 教材研究を活かした単元計画と発問・交流プラン

物語を読んで情景を思い浮かべよう

POINT 「情景」に着目して物語のイメージをつくる

描写に着目した問いに特化した単元を設定しました。平成二十九年版の学習指導要領では、第三・四学年の指導事項として「情景描写」が挙げられています。しかし、中学年の教材においては、「情景描写」だけに絞った問いでは、多くのバリエーションが提示できない場合が多くあります。また、唐突に「情景描写」という用語を教えても、定着が難しいところもあります。「ちいちゃんのかげおくり」に見られる風景は、「教材研究の目」で述べたように、状況と色彩語が関連し描かれています。「情景描写」という人物の視点と心情、風景が関連する文脈を形成する前段階として、描写から風景をイメージするような学習が求められるのです。これは、「ちいちゃんのかげおくり」だからこそ可能な学習計画とも言えるでしょう。情景にかかわる読みは、学習者が着想し難いものでもあります。中学年での理解を深めることが、高学年での描写の効果を考えるような問いにつながっていきます。

二次では、この物語の**「空」の描写**の役割を考える時間を中核としています。「空」を通して「ちいちゃん」の心情や平和への願い、再び起こるかもしれない悲劇を予感させる描写となっています。さらに、最後の「かげおくり」をした際と、終末部での**「きらきら」を比較**する問いを扱います。読者として自身にイメージされる情景について、三年生なりの交流ができるように促します。

単元計画

次	時	●主な発問〈問い〉　・学習活動	・留意点
一	1	●**単元の課題を確認しましょう。** お話の風景をイメージしながら「ちいちゃんのかげおくり」を読み，自分の印象に残った風景を選ぼう。 ●**「ちいちゃんのかげおくり」の時の戦争の様子について知りましょう。**	・初読の感想として，戦争という言葉からイメージされる印象や風景についても話題にしておく。
	2	●**場面ごとに「○○ちいちゃん」という短い言葉でまとめましょう。** ・場面を五つに分け，作品の概要を把握する。	・場面や登場人物を整理する。
二	3 4	●**お話に描かれた風景を見つけ，印象に残る風景を発表し合いましょう。また，その時の「ちいちゃん」の心情と出来事もまとめましょう。**交流	・場面分けを基にしながらも，学習者が想定できる風景をイメージさせる。 ・風景ごとに，「ちいちゃん」を中心に人物の行動や心情を捉えさせる。
	5	●**第二場面と第三場面に描かれる風景を，大切だと思ったものをそれぞれ二つずつ選び，紹介し合いましょう。**	・「大切」の基準については学習集団で共有しておく。 ・前時と同様に，叙述から風景の説明をすることを確認する。
	6	●**お話に描かれる「空」にはどのような役割があるか考えましょう。**交流	・第２時でまとめた場面ごとの表から全体構造を振り返り，物語の「空」の役割を考える。
	7	●**最後の「かげおくり」をした「きらきら」と終末の「きらきら」を比較する。**交流	・同じ表現を用いているが描写が違うことに気付かせる。
三	8	●**「ちいちゃんのかげおくり」の中で，自分の印象に残った風景を選び，紹介し合いましょう。**	・二次でイメージしてきた風景を基に，お話の内容と関連させて選んだ理由を説明させる。

本時の展開例（第6時）

本時の目標　描かれた「空」の役割について考え、風景に関連する人物の様子や心情を読み取る

T1では、「お話の中には、どんな『空』が出てくるだろう」という問いから、本時の中心となる問いへつなげていきます。「空」の描写が、「ちいちゃん」の心情や作品世界の状況を同化・予兆していることに気付かせておくことで、「役割」を考えることができます。そこで、それぞれの「空」がどのような意味をもっているのか、自由に発言を促し、イメージを広げておきます。

T2では、「お話に描かれる『空』にはどのような役割があるか考えよう」と投げかけます。「空」の様子を変えることで、読み手がどんな思いを抱くのか、学習者自身が読んだ経験から考えさせます。自分勝手な想像ではなく、あくまで叙述を基に考えるように促します。風景をイメージするために絵を描いてみることもできますが、ワークシート内で大きさを限定するなど、作業規模が学習者によって偏らないようにします。あくまでもどの叙述に着目したのか、なぜそのような役割をもつのか説明することが求められる問いです。

T3の交流の後、全体共有の場面では、自分や友達にそれぞれのイメージをもたせたという役割と作品構造としての役割、テーマやメッセージを導く役割といった形で整理を試みます。描かれた「空」が作品そのものにとって多様な面で重要な役割を果たしていることへの理解を期待するところです。

T4では、このような多様な面での役割を捉えた上で、改めて自分のイメージや読みを自覚化させます。風景から得られる読みが実感としてまとめられる機会となります。

本時の流れ

	●主な発問〈問い〉　・学習活動	・留意点
T1	**●お話の中には，どんな「空」が出てくるでしょうか。** C：みんなでかげおくりをした「空」。 C：空襲の夜の「空」。 C：「ちいちゃん」が一人でかげおくりをした「空」。	・発言を受けながら，お話の時系列に沿って「空」を板書で整理する。 ・それぞれの「空」での「ちいちゃん」や周囲の様子を確認しておく。
T2	**●このお話に描かれた「空」にはどのような役割があるのでしょう。** C：ちいちゃんの気持ちの変化を表しているのかな。 C：平和な時とそうでない時とで分かれているのかな。	・問いを設定した後，「空」の役割がどんなものなのかについて考える。 ・「空」と「ちいちゃん」の心情の変化を板書で整理する。
T3	**●考えたこととその根拠を友達と交流しましょう。** C：ちいちゃんの楽しい気持ちや安心している様子が「空」にも表れている。不安な時は，「こわい所」と言っている。 C：平和な様子が表れているのは空が青い。戦争があった時は，空が暗い。	・どんな役割なのか，友達と同じような考えの場合は，自分たちの説明がより詳しくなるように叙述から理由を探すように声をかける。 ・グループなどの少人数で交流後，全体でも共有する。 ・役割ごとに板書で整理し，「空」にかかわる様々な役割を可視化する。
T4	**●お話に描かれた「空」の役割についてまとめましょう。** C：平和の時と戦争の時をわかりやすく読む人に伝えている。幸せな時間でも，悲しい時間でも，つらい時間でも「空」がそれを強調している。 C：「ちいちゃん」の気持ちをいつも表しているのが「空」。	・まとめたことを発表し合う中で，風景が単に場面の様子を表すだけでなく，人物の心情やお話のテーマ・メッセージなどにかかわることに気付かせていく。

教材研究の目

空所 1

①絵本から省略される挿絵

絵本として出版された作品が教科書教材として掲載される場合、テクスト本文は基本的にそのまま掲載されます（本作品では動物名の表記が片仮名から平仮名に改められています）。しかし、絵本の絵は一部が間引かれる形で挿絵として掲載されます。この間引かれた絵に込められた情報が、教科書教材ではそのまま空所となる場合があります。

例えば、土竜は「はさみをつかうのが上手」で、土竜の特技の一つが「土竜の鎖の切り抜き」です。この切り抜きは図画工作科の造形活動の作品なのでしょうか。そうだとしたら、土竜の鎖は作って終わりになってしまいます。「はさみをつかうのが上手」と書いてあり、その一例として土竜の鎖が取り上げられているのです。その切り抜き方を穴熊に教わったということですが、「はさみをつかうのが上手」という特技をどう解釈すれば「わかれたあとでもたからものとなるような、ちえやくふう」と呼べるのでしょうか。読者はこの空所を補う必要があります。

ちなみにこの場面に対応する絵本の内容を参照してみると、教科書には掲載されていない小さな二枚の絵があることに気付きます。一枚は、ばらばらに切り抜かれた土竜を足元に散らかし、鎖の一部を手にした土竜。もう一枚は、うまく切り抜かれた土竜の鎖を右手で高く持ち上げ、左腕を胸の前に当ててお辞儀をしている土竜。後者の絵は穴熊にお礼の気持ちを態度で示したと解釈できます。しかし、その恭しい態度からは寄席の演目の一つである紙切りを演じた後の舞台挨拶のようにも見えるので、その練習をしたとも解釈できます。

②原文を参照してみる

教科書教材では動物たちがそれぞれに穴熊から教えてもらい、得意になったことが語られています。土竜ははさみの使い方、蛙はスケート、狐はネクタイの結び方、そして兎の奥さんは料理。そしてこの後、「みんなだれにも、なにかしら、あなぐまの思い出がありました。あなぐまは、一人一人に、わかれたあとでもたからものとなるような、ちえやくふうをのこしてくれたのです。」と続きます。ここまではわかりやすい総括です。しかし、続く「みんなは、それで、たがいに助け合うこともできました。」という一文については、具体的には何も語られていません。知恵や工夫を使って森の動物たちはどう助け合ったのでしょうか。ここは空所です。一部の学習者はこの意味をよく考えないで、読み飛ばしてしまう可能性が高いところです。土竜をはじめとする四人の思い出話を読むだけでも、穴熊が残してくれたものの素晴らしさは理解できるからです。

想像の余地がある空所ですが、教材研究の段階で授業者としてテクストの意味が取れない時は、やさしい英語なら原文にあたってみるのもよいでしょう。そうすると、テクストの「みんなは、それで、たがいに助け合うこともできました。」の原文は「He had given them each something to treasure: a parting gift that would become all the more special each time it was passed on to the others.」とあります。直訳すれば、「穴熊は彼ら一人一人に宝物を与えた。その別れの贈り物はそれが他の人に渡されるたびに、全てより特別なものになったのです」となります。つまり、動物たちが穴熊から受け取った知恵や工夫は他者に伝えても価値があるというのです。これを訳者は「たがいに助け合うこともできました。」と訳しました。この空所については、読み取った内容を基に学習者に自由に想像させ、交流させたいものです。

教材研究の目 2 語り

①主役と対役は語り手に濃く語られる

この物語は場面の移り変わりが明確で筋が追いやすい作品です。特に終末場面では語り手が「そうですね――きっとあなぐまに――聞こえたにちがいありませんよね。」と読み手に口語体で語りかけていることから、語り手の存在は学習者にとって理解しやすいと思います。

まず、物語の冒頭で穴熊が紹介されています。「かしこくて」「もの知り」。そうした人柄に加えて「こまっている友達は、だれでも、きっと助けてあげる」ということから「いつもみんなにたよりにされてい」るのです。ここで忘れてはいけないのは「こまっている友達は、だれでも」という点です。おそらく親切の押し売りはしないであろうという謙虚な姿勢について設定を理解しておく必要があります。

語り手は穴熊が生きている時には穴熊に寄り添い、穴熊の死後は土竜をはじめとする動物たちに寄り添ってそれぞれの心情まで語っています。だから、叙述に即して穴熊と土竜の人物像や心情を読み取ることが可能です。特に土竜は穴熊の生前と死後で穴熊に対する見方・考え方が変わります。この成長を促したものは何か。また、終末場面で土竜は穴熊に礼を言いますが、その礼の内容については書かれていません。この空所を考えさせることで学習者が語り手とどのように距離を取って読み進めてきたのかがわかります。語り手に常に寄り添いながら読み進めた学習者は、土竜自身の立場から、土竜の鎖が切り抜けるようになったお礼のみを述べるでしょう。その一方で、語り手と適度な距離を保ちつつ全ての登場人物を関係付けて読み進めた学習者は、土竜以外の動物たちと穴熊との関係を踏まえつつ彼らの心情を慮って、互いに助け合うことができたことへの感謝も述べるでしょう。

②脇役は語り手に淡く語られる

しかし、蛙や狐、兎の奥さんについては、それぞれが思い出を語る場面で自身の心情は語られていません。この三人に関しては、「穴熊との思い出」と「できるようになったこと」を叙述に即して読み取らせ、穴熊が生前友達にどのような思いで接していたのか考えさせることで、穴熊の人柄を浮き彫りにしていきます。それを踏まえて三人それぞれの穴熊への礼の言葉を考えさせます。その際、「みんなは、それで、たがいに助け合うこともできました。」の一文を理解しておかないと、単に自分ができるようになったことへの感謝のみで終わってしまう可能性があります。そうならないように、例えば **「穴熊から受け取った知恵や工夫を使って動物たちが互いに助け合う場面を想像しよう」** と投げかけることで「たがいに助け合うこと」という空所を考えさせます。一人一人が想像したことを交流させることで、穴熊から受け取った「ちえやくふう」がどのように活用されたのかを豊かに想像させたいものです。

③回想視点という語りの順序

この作品では穴熊の死後、動物たちが思い出を語ります。このように一部を回想することで出来事の背景や人物関係を説明し、読者を納得させていく語りとなっています。「穴熊の死を森の友達が嘆き悲しんだのはなぜか」という読者の疑問に答えるように、「穴熊は生前多くの友達を支え、助けた」というエピソードが語られることで、穴熊の人柄、生き方がよりよく理解できるようになっているのです。

3 設定・人物像

①主役としての穴熊

物語の冒頭で主役の穴熊の人柄や死生観が語られています。人物設定として、まず、賢くて頼りにされていることが語られています。具体的には、困っている友達は誰でもきっと助ける、物知りといった点が挙げられており、それゆえに頼られているのです。穴熊の死後、動物たちが穴熊の思い出を語る場面では、その場面だけの印象で穴熊から何かを教わっただけと読んで満足してしまう学習者がいます。しかし、動物たちの個々の思い出は穴熊の人物設定に沿って語られています。したがって、穴熊が一方的に教えているのではなく、何か困っている状況があり、その中で穴熊が助けているのだと読むことができます。動物たちが何かうまくいかない、困ったという状況の中で穴熊を頼り、穴熊に助けてもらったという思い出であることを外さないように指導していきましょう。

②対役としての土竜

物語全体を通して、土竜は穴熊とのかかわりを通して語られています。それが対役としての役割で、森の動物たちの代表として語られています。この作品では対役の土竜がどのように語られているのかを確認していくと、この物語の場面展開がはっきりとしてきます。

起・穴熊に見守られてかけっこをする蛙と土竜
承・穴熊の死を知り、やりきれないほど悲しんだ土竜

転・穴熊から土竜の鎖の切り抜き方を教わった土竜
結・丘の上で穴熊にお礼を言う土竜

このように土竜は対役として、穴熊とのかかわりが多く語られています。土竜の人物設定ですが、冒頭で蛙とかけっこをしていることから三年生の学習者と同じ年頃と考えられます。このような特徴からこの物語は、子どもたちが土竜の立場から場面の移り変わりを確認して読み進めることで、穴熊に対する気持ちの変化を追いやすい構成となっています。

③その他の登場人物

これ以外の登場人物の設定を確認しておきます。蛙は土竜のかけっこの相手ですから、これも学習者と同じ年頃と考えてよいでしょう。穴熊からスケートを習い、冬でも得意なスケートを楽しむ活発な子どもとして語られています。また、動物たちの冬眠が気になる学習者がいるかもしれません。そのような場合には、擬人化された登場人物においては人間と同じような生活スタイルとして考えてよいことを話しておきます。

狐は子どもの頃に穴熊からネクタイの結び方を教わったことがあります。今は大人という設定で、朝の挨拶に来ない穴熊を心配して穴熊の家に入り、穴熊の死を確認するといったリーダー的な行動をとります。また、大人だからでしょうか、穴熊から教わったネクタイの結び方が直接話法ではっきりと書かれています。

兎の奥さんは料理上手で知られています。ずっと前に穴熊から生姜パンの焼き方を教わりました。奥さんだから大人です。穴熊から初めて料理を教えてもらった時の思い出は間接話法で書かれています。ちなみに原著によれば生姜パンは「穴熊の特別な調理法（his special recipe）」とのことです。

教材研究の目

象徴表現

4

①穴熊の死後の雪

語り手は「森のみんなは、あなぐまをとてもあいしていましたから、悲しまない者はいませんでした。」と語り、その具体例として、土竜が涙で毛布をぐっしょりと濡らしたことを語っています。「その夜、雪がふりました。」と続くことから、みんなの涙が夜の冷気で雪へと変わり、その雪が「地上をすっかりおおいました。」につながっていると読むことができます。「雨は雪へと変わるだろう」というような歌詞の一部が思い出されます。この場面の雪は森の動物たちの流した涙が変化したものであり、動物たちの悲しみの象徴と解釈できます。この後、「春が来て」動物たちは「たがいに行き来しては、あなぐまの思い出を語り合い」、「最後の雪が消えたころ」には「みんなの悲しみも、消えて」、「だれかがいつも、楽しい思い出を、話すことができるようになったのです。」と続きます。やはり雪は動物たちの悲しみの象徴として語られています。

②穴熊からの贈り物

土竜は土竜の鎖の切り抜き方を教わりました。土竜の鎖は、仲間と手をつないで生きていく希望の象徴と考えられます。この土竜の鎖という作品を作ることが目的なら、土竜自身の趣味と言えます。しかし、土竜の鎖をパーティーの飾りつけにしたり、宴会芸としてパーティーの席上で披露したりするなら、個人の趣味を超えてみんなを楽しませることになります。蛙はスケートを「習」い「得意」になりました。スケートは寒い冬でも屋外で楽しめる運動の一つです。これは体力づくり、健康維持の象徴と言えます。寒い冬でも家に閉じこもっていないで友達と運動するような生活が可能になります。狐はネクタイの結び方を教わりました。ネクタイは大人のファッションアイテムであり、ネクタイを結ぶのは大人の嗜みの一つです。ですからネクタイはお洒落な大人の象徴です。兎の奥さんは生姜パンの焼き方を教わりました。豊かな食生活の象徴でしょう。日本の洋菓子店で見かけるものは兎の形よりも人型のものが多いようです。これら穴熊からの贈り物の全てが「人生を楽しむための工夫」と理解することができます。

③「心はのこる」

作品の冒頭で、「あなぐまは、……死んで体がなくなっても、心はのこることを知っていた」と語られています。体から切り離されて残されたものを「心」と表現しているのです。「心はのこる」と言った場合、大人であれば肉体と対比して「霊魂」などと考えるでしょう。しかし、「心」とは何かということを深く考えたことのない学習者には、「心かどうかわからないけど、何かは残るんだな」といった程度の理解となるでしょう。日本語で読んで意味が取りにくい場合は、英語なら原文を参照してみましょう。この部分は「Dying meant only that he would leave his body behind」と書いてあります。直訳するなら「死ぬということは、彼が自分の体を置き去りにすることだけを意味した」となります。いわゆる幽体離脱のことです。「心」にあたる言葉は見当たりませんが、訳者は穴熊の死生観をこのように表現しました。だから、本作品で穴熊が「心はのこる」と考えているのは、何かを残そうという考えではなく、死そのものに対する考えと理解しておきましょう。教室には「心はのこる」とはどういう意味か、授業者に質問してくる学習者がいるかもしれません。しかし、この手の難問には「先生にもよくわからないのです」と答えても構わないでしょう。

教材研究を活かした単元計画と発問・交流プラン

1 動物たちが助け合っている様子を想像しよう

空所を豊かに想像して読みを交流させる

動物たちが助け合う様子は語られていません。空所です。その様子を問うことで、語られている内容を基にして、**空所の内容を想像する学習**へと展開していきます。「穴熊が残してくれた知恵や工夫を使って森の動物たちはこんな助け合いをしました」というような豊かな読みを交流させ、読書好きな学習者に育てたいものです。学習者にエピソードを書かせ、それらを読み合うことで「あなぐまがのこしてくれたもののゆたかさ」の中身を実感させていきます。このように原作の一部を変形して表現する学習を首藤（２０２３）は**「かえる翻作」**と呼んでいます。しかし、学習者が想像して物語を書く活動に慣れていない場合は、簡単な設定（時・場・人）を短作文として示してあげると、話の方向性が定まります。絵日記風に一枚のラフスケッチを描かせてから構想を練ってもいいでしょう。授業者が**見本作品**を示すことは有効です。例えば次のような概要を考えてから、記述に入ります。面白がって長く書きたがる学習者もいます。しかし、完成後の読み合いもありますから、原稿用紙一枚を目安にするくらいでいいでしょう。

新学期を迎えた森の中学校で入学式が行われると通知が来た。兎や土竜の子どもたちは制服のネクタイが結べない。そこで狐のお父さんが講習会を開き、ネクタイの基本的な結び方を教えてあげた。

単元計画

次	時	●主な発問〈問い〉　・学習活動	・留意点
一	1	**●テクストの読み聞かせを聞いて，感想を書きましょう。**	・テクストの叙述を基に感じたことや思ったこと，疑問などを書かせる。
	2	**●設定（時・場・人）を確認しましょう。**	・穴熊が主役で，土竜が対役であることを押さえる。
二	3	**●「みんなは，それで，たがいに助け合うこともできました。」と語られています。どのように助け合ったのでしょうか。** **●穴熊と動物たちとの思い出を読み取り，表に整理しましょう。交流**	・この問いに答えるためには，動物たちの思い出を読み取らなければならないが，語られていない。 ・表にまとめると人物関係が捉えやすい。
	4	**●動物たちの思い出の中の穴熊は，どのような気持ちで教えていたのでしょうか。交流**	・動物たちの思い出と題名とを関連付けて考える。
	5	**●動物たちが助け合っている様子を想像してエピソードを書きましょう。交流**	・語られている思い出を基に，動物たちが助け合う場面を設定させ記述させる。
	6	**●穴熊が死んだ場面と物語の終末場面で土竜の気持ちが変わっています。何が土竜の気持ちを変えたのですか。交流**	・穴熊が残してくれた知恵や工夫，思い出といったものの価値に気付いたことが土竜の気持ちを変えたことに気付かせる。
	7	**●土竜は「ありがとう，あなぐまさん。」の後に，どんなセリフを続けたと思いますか。交流** **●他の動物ならどのようなお礼を言うでしょうか。**	・土竜自身だけでなく「みんな」との思い出や自分が考えたエピソードを踏まえて穴熊への感謝のセリフを表現させる。
三	8	**●これまでの学習を振り返り，「わすれられないおくりもの」の意味を考えましょう。交流**	・知恵や工夫を含めた思い出が題名として象徴されていることを理解させる。

本時の展開例（第4時）

本時の目標　互いに助け合っている動物たちの様子を想像して書くことができる

T1では、前時までに学習した内容（穴熊とそれぞれの動物たちの思い出、穴熊の気持ち）を想起させ、本時の学習活動である**エピソードづくり**の説明をします。その際、授業者が**エピソードの見本**を示すことで、そこに盛り込むべき設定（時・場・人）の存在を確認します。**T2**では、学習者が書こうとするエピソードの設定として「時・場・人」を決めさせます。そして、どのようなエピソードを書くか、アイデアを発表し合います。このような場を設けることで、書くことに苦手意識をもっている学習者の取り組みが少しでも容易になるようにしていきます。**T3**の記述場面では、エピソードを表すキーワード（「蛙のスケート教室」や「兎の奥さんの料理教室」など）を書かせてから、エピソードの概略を短作文のイメージで書かせるといいでしょう。しかし、アイデアの生成には順序性はありません。概要を大体で決めてから大まかなエピソードを考える学習者もいますし、その反対でエピソードを思いついてから概要を決めていく学習者もいます。もちろん概要とエピソードを行ったり来たりしながらまとめていく学習者もいますし、記述中に考えが変わる学習者もいます。ここでは想像して楽しみながら書く経験をさせていきます。ここは学習者の個性として柔軟に受け止める必要があります。そして**T4**では、構想に従って想像を膨らませて自由に記述させていきます。**T5**では、友達の作品を読んで交流します。交流を通して、**穴熊から贈られたものの価値**を楽しみながら確認していくことをねらいます。

本時の流れ

	●主な発問〈問い〉　・学習活動	・留意点
T1	**●穴熊から教わった知恵や工夫をどのように生かして動物たちは助け合ったのか。その様子を想像してエピソードを書きましょう。**	・前時までに読み取った内容（穴熊から受け取った知恵や工夫）を盛り込み，自分なりの想像を加えるようにする。 ・教師の見本を示す。
T2	**●何を盛り込むかアイデアを発表しましょう。** C：春・兎の奥さん・近所の動物たち・料理を教える。 C：夏・土竜・動物たち・パーティー会場・飾りの作り方を教える。	・設定として「時・場・人」や，描きたいエピソード等を明確にすることを確認する。 ・学習者のアイデアを気軽に発表させる。
T3	**●まず設定を決めます。次に設定を踏まえて内容を簡単に書いたもの，「概要」を書いてみます。概要を先生に見せてから書き進めましょう。** C：蛙をちょっと欲張りにしようかな。 C：土竜が折り紙を切って模様を作ることを仲間に教えるところを書こう。	・概要は出来事を表すキーワードを含め，短作文のイメージで書かせる。 ・絵から描きはじめたいという希望があれば認める。 ・学習者の意欲に応じて概要だけ書くことも認める。
T4	**●概要を基に原稿用紙１枚くらいを目安にして書きましょう。** C：冬，蛙のスケート教室が始まった。月謝を取ろうとしたら子どもたちが誰も来なかった。月謝を無しにしたらたくさん教わりに来た。蛙は傍について励まし続けた。	・授業の後半に交流があるので，作業量に目安を与える。 ・どうしても長く書きたい学習者には家庭学習として取り組ませてもよい。
T5	**●友達の作品を読んで感想を伝え合いましょう。** C：月謝を取ったら穴熊さんが悲しむね。でも，狐の子どもたちが滑れるようになるまで蛙が励ましていたのはよかった。	・グループなどの少人数で交流後，全体でも共有する。 ・交流は対面が望ましいが，感想を付箋に書いて貼り付けてもよい。

教材研究を活かした単元計画と発問・交流プラン

2 題名クイズをして、題名から内容を当ててみよう

題名と内容のつながりを考える

「わすれられないおくりもの」という動物たちの視点からの言葉はテクスト本文では使われていません。しかし、最後の場面では、**「あなぐまがのこしてくれた、おくりもの」**と穴熊に寄り添った視点で語られています。学習者は一読すれば「わすれられないおくりもの」の指し示す内容が、動物たちが穴熊から受け取ったものだなと理解できるはずです。穴熊は何か困っている森の動物たちに対して何らかの支援をしてきました。これは穴熊の死後、森の動物たちによって、穴熊の人柄がよくわかる思い出として語られています。教わることを通して動物たちは「知恵や工夫」を得ました。また、教わって何かができるようになった経験や、教わったことを何かで活かした経験が「思い出」となっています。以上を全てまとめた表現が「わすれられないおくりもの」という題名に象徴されているのです。

この物語は題名と内容とが深くかかわっているので、題名と内容のつながりが考えやすい教材です。題名と内容とのかかわりについて読書指導の一環として丁寧に扱い、**選書**が楽しめる子どもに育てたいものです。そこで学習の節目で題名と読み取った内容とを結び付けて考察させていきます。こうした学習経験が後の選書の際、題名から内容を想像しようとすることに慣れさせます。続く三次では、**「題名クイズ」**を行いますが、出題者が回答を評価するためには、出題者自身が取り上げる本（物語）の**粗筋**を理解しておかなければなりません。

単元計画

次	時	●主な発問〈問い〉　・学習活動	・留意点
一	1	**●読み聞かせを聞いて，感想やみんなで考えたいことを書きましょう。** ・単元の終わりに「題名クイズ」を行うことを知らせる。	・テクストの叙述を基に感じたことや思ったこと，疑問などを書かせる。
	2	**●設定（時・場・人）を確認しましょう。**	・特に穴熊の人物設定を丁寧に読み取らせる。
二	3	**●穴熊と動物たちとの思い出を読み取り表に整理しましょう。** 交流 ・四人の思い出を，語り手は一言で何と呼んでいるか考えさせる。	・表にまとめると人物関係が捉えやすい。 ・動物たちの思い出と題名とを関連付けて考える。
	4	**●動物たちの思い出の中の穴熊は，どのような気持ちで教えていたのでしょうか。** 交流 ・題名とのかかわりを考えさせる。	・交流の際は，どの言葉や文章に着目したかを言わせる。
	5	**●穴熊が死んだ場面と物語の終末場面で土竜の穴熊に対する気持ちはどのように変化しましたか。** 交流 **●何が土竜の気持ちを変えたのですか。** 交流	・穴熊が残してくれた知恵や工夫，思い出といったものの価値に気付いたことが土竜の気持ちを変えたことに気付かせる。
	6	**●土竜は「ありがとう，穴熊さん。」の後に，どんなセリフを続けたと思いますか。** 交流 ・題名とのかかわりを考えさせる。	・土竜自身だけでなく他の動物たちとのかかわりも押さえた感謝の内容を書かせる。
三	7 8	**●「題名クイズ」の準備をしましょう。** ・各自，設定とあらすじをまとめる。 ・題名と内容とのかかわりについて，紹介者なりの考えを書かせる。	・授業者が出題の仕方，回答への対応の見本を示す。 ・あらすじの書き方は前単元までに指導しておく。
	9 10	**●「題名クイズ」をしましょう。** 交流 ・出題者は回答に対して「惜しい」「遠い」などと評価も工夫させる。 ・クイズの後は，友達が紹介した本を自由に読ませる。	・まずは生活班で行い一人代表を選出する。次に代表者は全体の前で出題する。 ・朝読書の時間などを活用して読書時間を確保する。

本時の展開例（第5時）

本時の目標　穴熊が残したものでみんなが助け合い、悲しみを乗り越えたことを理解する

T1では、前時を振り返り、四人の仲間たちがそれぞれに穴熊から教わった思い出を確認します。そして、その時の穴熊がどんな気持ちだったのかを考えさせます。その際、**穴熊の人物像**として冒頭で「こまっている友達は、だれでも、きっと助けてあげるのです。」と語られていることを押さえておきます。この設定を忘れると、穴熊は教えたがりのような人物と受け止められてしまう可能性があります。

T2では、穴熊が死んだ場面と物語の終末場面で土竜の穴熊に対する気持ちが変わったことを読み取らせます。これは答えがはっきりしているので、土竜の気持ちがわかる箇所に線を引かせて確認していきます。ここで土竜の気持ちが変化したことを踏まえて、**T3**「**何が土竜の気持ちを変えたのですか**」と問います。まずは、叙述から「思い出」「ちえやくふう」「楽しい思い出」といったキーワードが指摘されるでしょう。土竜に寄り添って読み進めた学習者は土竜だけが受け取った思い出に注目しがちですが、穴熊は他の動物たちにも支援をし、みんなの成長を促してくれました。そのことに土竜が気付いたことを押さえて考えさせていきます。

T4で読み取った内容と題名とを関連付けます。穴熊の支援で土竜をはじめとする動物たちが成長していきました。それぞれの動物たちの成長物語が共有されて「わすれられないおくりもの」となったと考えられます。

本時の流れ

	●主な発問〈問い〉・学習活動	・留意点
T1	**●動物たちの思い出の場面での穴熊の気持ちを考えましょう。** C：手がつながる場所を切らなければつながった鎖になることがわかってくれてよかった。 C：スケートだけは「教えた」と語られていないので，穴熊はスケートが得意じゃなかったのかな。	・前時に作成した表から穴熊と動物たちの思い出を確認する。 ・穴熊がしたことは森の友達が困っている時の行動であることを確認する。 ・教えなくても「そばについていてくれた」ことの優しさに気付かせる。
T2	**●穴熊が死んだ場面と物語の終末場面で土竜の穴熊に対する気持ちはどのように変化しましたか** C：穴熊が死んだ晩は，やりきれないほど悲しかった。 C：穴熊にお礼を言った。 C：いなくなったのではなく，自分の傍にいるような気がした。	・土竜の気持ちがわかる箇所にサイドラインを引かせる。 ・最初はとにかく悲しかったが，その後，友達と穴熊の話をしたり，協力し合ったりする中で，穴熊が自分たちの心の中にいることがわかってきたことに気付かせる。
T3	**●何が土竜の気持ちを変えたのですか。** C：穴熊との思い出。 C：みんなとの助け合い。 C：明るくなってきた動物たち。 T：これらを一言で言い表すとどうなるでしょうか。 C：「わすれられないおくりもの」	・なぜその言葉を選んだのか，理由も含めて発表させることが大切である。 ・穴熊の支援を受けた動物たちが互いに助け合うようになり，悲しみを乗り越えたことも含めての変容である。
T4	**●題名「わすれられないおくりもの」とは何のことだと考えますか。** C：穴熊の優しさ。 C：穴熊の知恵と工夫。 C：穴熊の心。 C：穴熊そのもの。	・これまでの学習内容を踏まえて意見をもたせる。 ・次時に行う「題名クイズ」の予告をする。

教材研究の目 1 空所の多さ

「おにたのぼうし」には、空所がたくさんあります。空所が多いということは、読者の想像や意味付けに任される部分が必然的に多くなるため、多様な読みが生まれやすくなります。一方で、空所が多すぎると、自由に読みうる幅が広がってしまい、読みが安定しにくいという弱点もあります。「おにたのぼうし」の空所には、主に次のようなものがあります。

①「去年の春から」おにたは、まことくんの家に住んでいたようだが、その前はどうだったのか。追い出されて来たのか。それとも、まことくんの家には初めて住んだのか。
②古い麦わらぼうしは、なぜ古いのか。どこから持ってきたのか。
③おにたは、女の子にあげる豆をどこから持ってきたのか。
④おにたは、服を着ているが、どこから持ってきたのか。
⑤女の子の名前が語られていないのはどうしてなのか。（まことくんは名前が語られている。）
⑥おにたは、最後どうなってしまったのか。豆になったとしたら、なぜ豆になったのか。
⑦おにたのぼうしだけがのこったのはなぜか。

幾田伸司（２０１１）は、「空所」の中でも、補塡によって読書活動を推進するものと、補塡をしなくとも読書行為を進めることができるものを分け、「不在」という概念を提出しています。松本・西田（２０１８ａ）の言葉を借りれば「埋められない空所」とも言えるでしょう。①②③④は、根拠が見当たらないので、「不在」または「埋められない空所」であると言えます。よって、本教材を一読させ、初発の感想を書かせると、学習者は「不在」（「埋められない空所」）へと誘い込まれていきますので、彼らの読書反応から主体的な学習を組織する際は、教師による何らかの働きかけが必要になると思われます。とりわけ、③④の疑問はよく学習者から提出されるようです。このような「不在」（「埋められない空所」）を問いとして設定してしまうと、どのような展開になるのでしょうか。幾田は、例えば③について次のような学習者の反応を挙げています。

A　おにの家族のところ、あるいはおにの世界に取りに行ってきた。
B　おにたが魔法を使って出した。
C　まことくんの家から持ってきた。
D　どこかの家から盗んできた。
E　どこかの家からもらってきた。

A～Cは、物語の設定そのものを再設定する読みになってしまいます。たとえばBのように魔法を使えるのなら、麦わら帽子は雪まみれになりません。かといって、DとEは「気のいいおにでした。」「はずかしがり屋のおにた」という語りと矛盾することになってしまいます。つまり、このような箇所を問いにしてしまうと、読みの自由度が高すぎて、読みの一貫性を保持することができなくなってしまいます。よって、このような空所の多い作品を扱う場合は、「不在」（埋められない空所）＝解決できない疑問という概念があることを教えたり、教師がある程度主導したりするなどして、学習を推進していくことが重要であると考えられます。

教材研究の目 2 語り

①「語り手」と登場人物

本作品における語りは、登場人物を全て「まこと君」「おにた」「女の子」などのように三人称で呼んでいます。語りの特徴として挙げられるのは、おにたや女の子の立場に立って語られる場合があるということです。

・粉雪がふっていました。道路も、屋根も、野原も、もう真っ白です。**（おにたと視点・知覚を共有）**
・それからしばらくして、入り口をトントンとたたく音がします。**（女の子と視点・知覚を共有）**

このように、語り手は、おにたと「女の子」との距離を自由に移動して語ることができるスタンスを持ち合わせています。それにもかかわらず、「女の子」は「女の子」としか呼ばれません。「まこと君」は名前が語られているのに、です。なぜ、「女の子」には、名前が与えられていないのでしょうか。田中（２００１）は、「女の子」の名前がないことで、おにたが消えてしまうきっかけを作った「女の子」に対する印象を薄くし、読者がネガティブな感情をもつことを防ぐ効果があることを指摘しています。「女の子」について、山元（１９９７）は、「女の子」の姿を自分自身に映し出し、知らず知らずのうちに相手を傷つけてしまうことがあることに気付かせることが、本作品を読むうえで重要であると指摘しています。では、「女の子の名前が語られていないのはなぜか」と問えば、田中や山元が指摘するような点に学習者は気付くでしょうか。小学三年生の発達段階を考えると、「（語り手は）女の子の名前を知らないから」という程度の反応に留まってしまうのが現実的ではないかと考えます。そこで、**「「とてもしずかな豆まきでした。」の最後の語りから、どんなことを感じるか」**というような、学習者の感じ方を顕在化させる問いを提案したいと思います。この、「しずかな豆まき」は、おにたにとって極めて残酷です。「女の子」が豆まきできる喜びや幸せを感じているその影で、おにたは、自己を排斥する象徴ともいえる豆に姿を変えるまでに心をうち砕かれています。さらに、おにたにとっては、自己によって自己が排斥されるという、完全な自己否定が繰り返される状況です。人間世界の中の集落から川で区切られ、人間の「底辺」とも言える暮らしをし、名前すらわからない、存在感のない家族の、幼い「女の子」の心の中でさえ、おにたが受け入れられる場所はなかったのです。このように、最後の語りのテクストを引き合いに出した問いは、学習者の「女の子は豆まきができてよかった。」「おにたがかわいそう」といった、ずれのある反応を引き出すとともに、無邪気な「女の子」（人間）の残酷性を炙り出すと考えます。この問いを交流することによって、「女の子」に名前が与えられていない理由を考えられるかもしれません。

②「語り手」とおにた

――おにたは、なぜか、せなかがむずむずするようで、じっとしていられなくなりました。――

おにたと語り手は、知覚を共有していますが、決しておにたの知覚を超えて語っていません。つまり、おにた自身にも、自分が「せなかがむずむずするようで、じっとしていられなくな」る理由がわからないというテクスト構造になっています。おにたの幼さが表現されるとともに、おにたの心情をゆさぶるものが空所になっています。おにたは、なぜ「せなかがむずむずするようで、じっとしていられなくな」ったのでしょうか。おにたは「女の子」の中に「自分」と似たような点を見出したのかもしれません。

教材研究の目 人物設定 3

①「黒鬼」としてのおにた

おにたは、小さな黒おにの子です。ご存じの通り、鬼には、全部で五種類の色があります。そして、それぞれの鬼の色には、仏教でいうところの「五蓋（ごがい）」の意味が込められています。「五蓋」とは、人間の五つの煩悩を表していると言われています。具体的には次のようなものと言われています。

- 赤鬼…貪欲（どんよく）―全ての悪心の象徴
- 青鬼…瞋恚（しんに）―悪意・憎しみ・怒りの象徴
- 黄鬼…掉挙悪作（じょうこおさ）―心の動揺・後悔の象徴
- 緑鬼…惛沈睡眠（こんちんすいみん）―倦怠・眠気・不健康の象徴
- 黒鬼…疑（ぎ）―疑いの心・愚痴の象徴

確かに、おにたは、「ありのまま」の自分を愛してもらうことに対する根本的な疑いをもっています。その他の言動（例えば、「人間っておかしいな。」「おにたが心配になってきくと」など）からも疑いの心があることが読み取れます。おにたが「自分がおにである」ことを「女の子」に伝えた場合、「こんなに優しいおにもいるのね。」などと、受け入れてもらう可能性も残っていたはずです。存在を消すのは、自分の姿を開示して否定されてからでも遅くはなかったはずですが、おにたはそうはしませんでした。いや、できなかったのでしょう。

それは、おにたが黒おにであったことと深くつながっているように思えます。

②おにたと女の子の共通性

おにたは、去年の春から、まこと君の物置小屋の天井に住んでいます。その前はどうしていたのでしょうか。もしかしたら、その前の節分の際に、豆まきで追い出されたのかもしれません。だとすれば、心に大きな傷を負っていると考えてもよさそうですが、「はずかしがり屋」という説明がなされているので、心に傷があるというよりは、人間に排斥されることの意味を捉えられないほど、幼いという印象もあります。一方で、最後は絶望し、自分の存在を豆にまで変えてしまうことを考えると、そこまで幼いとも言えなさそうですし、心に全く傷がないわけでもなさそうです。いずれにしても、この「はずかしがり屋」という設定には齟齬があるように感じます。おにたの設定がややファンタスティックに描かれているということなのかもしれません。

「女の子」と「女の子」のお母さんは、人間世界から忘れられたように生きています。「女の子」の家は、集落から川で区切られた場所に置しています。雪が降る極寒の夜であるにもかかわらず、病気のお母さんはうすいふとんに寝ています。懸命に看病する「女の子」も食べるものがなく、誰にも頼ることができません。小さな「女の子」は深いためいきを吐くことしかできません（絵本で描かれる「女の子」の表情も、合わせて子どもたちに見せたいところです）。このまま生活していたら、あと数日しかもたないという状況でしょう。その上、「女の子」はお母さんに、「本当はお腹が減っている」ことを言うことができません。

おにたと「女の子」には、人間の世界から遠ざかっていること（人間の世界から認めてもらえていないこと）と、「ありのまま」の自分を見せられないということに共通点を見出すことができます。そんな共通点をもつ「女の子」にさえ、排斥されるおにたの絶望はどのようなものだったのでしょうか。このような、おにたと女の子の設定を捉えておくことが、最後の読みにつながっていくと考えます。

教材研究の目

象徴表現 4

①「ぼうし」の象徴するもの

文学作品は、一般的に作品の内容や表現、その構成によって、あるまとまった意味（主題）を読者にかたちづくることを促します。象徴表現は、その意味付けを助けたり、示唆したりするものの中で、非常に強い影響力をもちます。例えば「ごんぎつね」では、最後の一文「青いけむりが…」が象徴表現と言えます。ごんと兵十の関係の帰結であるとともに、作品の悲劇性を表現しているからです。

おにたにとって、「ぼうし」はつのをかくすためのもの、つまり、人間と心を通わせるために、人間世界を行き来するための「道具」であり「鍵」でもあります。反対に、鬼である自分自身を隠すという「自己否定」の道具でもあります。つまり、「おにたのぼうし」は、おにたの「人間と心を通わせたい」という「願い」の象徴であると同時に、「自分は無条件に愛されることがない」という「自己否定」の象徴でもあると考えられます。おにたはこのような二重の葛藤の中で、最後はその存在すら否定して消えていきますが、「おにたのぼうし」だけは残されます。このことにより、私たちは、「おにたのぼうし」が残った意味について考えさせられていきます。即ち、「おにたのぼうし」という題名と作品内容とは深い関係が認められます。このように、「おにたのぼうし」の場合は「ごんぎつね」と異なり、題名そのものと作品内容が密接な関係をもっているといえます。作品によって題名の付け方は様々ですが、このような題名にかかわる見方や考え方は、自分が書いた物語の題名を考える際にも役立つと考えられます。

②「ぼうし」とおにた

さて、おにたのぼうしが初めて出てくる時は、次のように語られます。

そして、古い麦わらぼうしをかぶりました。角かくしのぼうしです。

この麦わらぼうしはどうして「古い」のでしょうか。まこと君の家の物置小屋にたまたまあった麦わらぼうしなのでしょうか。この語りの中には、おにたが「ぼうしを探し出し、初めて認識して手に取った」というより、おにたにとって自明のものであるかのようなニュアンスが含まれています。このことから、おにたが小さい時からずっと持っていたのではないかという興味深い解釈も提示されています（吉田２０２１、13―15頁）。いずれにしても、「おにたのぼうし」は、「女の子」と出会う際に描かれている衣服とは異なり、物語の初めから最後まで登場する、キーアイテムとして位置付いています。また、おにたの絵を見ると、おにたは、両手で大事そうにぼうしのひもをしっかりともち、私たち人間を見ています。その眼には、悲しみや寂しさも含まれているかのような印象を受けます。人間の子どもにも、分離不安を克服するためにタオルやぬいぐるみを肌身離さず持ち続ける症状が見られることがありますが、おにたにとって、このぼうしは、そういった自分の唯一の安心できる居場所だったとも言えるのかもしれません。

そんな麦わらぼうしは、おにたが消える時、「ぽつんと」残されます。「ぽつんと」という表現が、おにた自身のこれまでの境遇を表しているかのようでもあります。衣服は消えたのに、ぼうしだけは残っていることから、学習者から**「どうして、ぼうしだけ残ったのか（残したのか）」**という問いが自然に生まれるものと考えられます。おにたは、最後の最後に、「女の子」に自分がおにであることを伝えようとしたのでしょうか。それとも、最後まで自分を否定し続けたのでしょうか。多様な読みを交流させたいところです。

教材研究を活かした単元計画と発問・交流プラン

1

おにたの悲しみを読もう

POINT 教師と学習者が共に〈問い〉を設定する

「教材研究の目」でも前述したように、本教材は空所が多く、学習課題を自由に学習者に設定させると、「埋められない空所」に問いをもってしまい、学びが拡散してしまうという懸念があります。一方で、**「おにたのぼうしだけが残ったのはどうしてか」**といった、本作品の読みを推進する本質的な問いも混じってくると考えられます。よって、教師の主体性を発揮しつつ、学習者と相談をしながら良質な問いを整理していくとよいと考えます。

二次では、**「語り手」**という概念を押さえます。語り手と登場人物の挿絵やイラスト等を用いて、それぞれを遠ざけたり、重ねたりして教えると学習者の理解が促されます。例えば、「こうして、カサッとも音をたてないで、おにたは、物置小屋を出ていきました。」と「粉雪がふっていました。道路も、屋根も、野原も、もう真っ白です。」といった具体的なテクストを読み上げながら、**「この時語り手は、おにたから離れていますか。重なっていますか」**などと働きかけるといった具合です。

三次では、**「おにたに手紙を書く」**という言語活動を設定しました。前述のように、おにたはその存在を誰にも気付かれず消えていきます。しかし、読者である学習者はその存在を知ることができています。このような状況は、学習者に「おにたに手紙を書く」という言語活動への意欲を自然に高めるものと考えます。

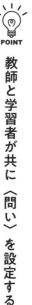

単元計画

次	時	●主な発問〈問い〉　・学習活動	・留意点
一	1	**●「おにたのぼうし」を読んで，感じたことや考えたことを書きましょう。** ・学習の計画を全体で話し合いながら設定する。	・学習者は様々な問いを出してくるが，解決できる問いと解決できない問いがあることを確認する。
一	2	**●おにたと女の子の性格や生活の様子を比べてみましょう。**	・おにたと女の子が置かれている状況で，似ている点を押さえる。
二	3	**●場面ごとに「○○なおにた」という短い言葉でまとめましょう。その時のおにたの心情もまとめましょう。** ・場面を七つに分け，作品の概要を把握する。	・表にまとめるとあらすじを捉えやすい。
二	4	**●「せなかがむずむずするようで，じっとしていられなく」なったとはどういうことでしょうか。** 交流	・交流の際は，「どの根拠に着目したか」を明示させる。
二	5	**●おにたのぼうしだけが残ったのはどうしてでしょうか。** 交流	・おにたにとってのぼうしは，どんなものなのかを考えさせる。
二	6	**●「とてもしずかな豆まきでした。」の最後の語りから，どんなことを感じますか。** 交流	・おにたの様子や心情と女の子の様子や心情をそれぞれ想像し，比較する。
三	7	**●おにたに手紙を書きましょう。** ・読者の立場でおにたに手紙を書く。 **●書いた手紙を交換して読んでみましょう。** 交流 ・書いた手紙を読み合う。	・基本的に自由に書かせてよいと考えるが，書き方のわからない学習者には「おにたについて知っていること」「おにたに伝えたいこと」といった項目を与えるとよい。

本時の展開例（第６時）

本時の目標　最後の語りが、おにたの悲劇をより強調していることに気付く

T1では、「まこと君の豆まき」と「女の子の豆まき」を比較することによって、その違いを顕在化します。「まこと君の豆まきは元気だけど、女の子の豆まきは静か」などという、学習者の反応を聴きながら、**「女の子の豆まきは『しずか』だけかな」**などと補助的に問いかけます。すると、「おにたが、かわいそう」といった、おにたに着目した意見が出てくることが予想されます。このように、学習が「最後の語りに込められたおにたと女の子の二重性」に目が向き始めてきている状況で、本時の問いを投げかけます。

T2では、この「二重性」をより深く掘り下げていくために、まず、問いに対して一人で考えさせます。その際、表やワークシートなどを用いて、おにたと女の子を分け、比較しながらそれぞれの様子や心情を考えさせます。大切なのは、**様子や心情を考えるだけで終わるのではなく、どの言葉に着目して根拠としたかを明示させること**です。教科書や、全文のテクストが書き込まれたプリントなどを用意して、着目したテクスト箇所に線を引かせるといった配慮が必要です。こうすることによって、T3の交流の際、自他の読み方およびその異同を意識化することができます。学習者は、交流を通して、女の子の幸せが、おにたの絶望の上に成り立っていることを捉えていくことが期待できます。T4は自らの読みの意味付けを促す働きかけです。このことにより、**おにたの悲劇が強調されるという語りの効果**を捉えていくことを目指します。

本時の流れ

	●主な発問〈問い〉　・学習活動	・留意点
T1	**●まことくんの豆まきと女の子の豆まきの違いはどんなことですか。** C：まことくんの豆まきは元気。 C：まことくんは楽しいだけだけど，女の子は楽しさと悲しさが混じっている。	・「元気に」「力いっぱい」「目をさまさないように」「しずかな」といったテクストに着目する。
T2	**●「とてもしずかな豆まきでした。」の最後の語りから，どんなことを感じますか。そう感じた根拠に線を引きましょう。** C：おにたがかわいそう。 C：女の子はうれしそう。	・学習者が最後の語りの感じ方の違いに着目してきたところで，問いを設定する。 ・おにたの様子や心情と女の子の様子や心情を比較する。
T3	**●考えたこととその根拠を仲間と交流しましょう。** C：「お母さんが目をさまさないように」「神様よ。」「ぱらぱら…」と書いてある。たくさん豆まきできてうれしい。 C：「氷がとけたように」「ぽつんと」という言葉が，おにたの悲しさをあらわしていると思う。	・仲間と交流して新たに見つけた根拠には色を変えて線を引かせる。 ・グループなどの少人数で交流後，全体でも共有する。 ・学習者の読みの内容だけでなく，着目した根拠を指摘する。
T4	**●最後の語りに込められていたことは何でしょうか。** C：おにたの悲しさと女の子のうれしさ。 C：おにたの悲しさを強調している。 C：おにたの悲しさは，誰にも気付かれない。それがもっと悲しい。	・おにたの悲劇が強調される作品であることを捉えることにより，おにたへの手紙を書くという次時の言語活動につなげるようにする。

教材研究を活かした単元計画と発問・交流プラン

2

「おに」のお話を紹介しよう

「題名の付け方」に着目して多読する

「おにたのぼうし」は、おにたが唯一、人間と交流する時に必要な物であり、人間と心を通わせたいという、おにたの「願い」の象徴です。一方、つのかくしのぼうしであり、おにたの「願い」が実現する寸前で現実の残酷さを突き付けられ、存在を失っていくおにたの「自己否定」の象徴ともいえます。本作品は、このように題名のテクストと作品内容の象徴性がよく重なっています。そこで本単元では、「おに」が出てくる話を多読し、**「題名の付け方」**に着目した読みの力を身に付けていくことをねらいとします。

一次では、「おにたのぼうし」に出会う前に、「おに」が出てくるお話を振り返ったり、教師が読み聞かせしたりします。このことを通し、**「おに」が出てくるお話を紹介する**という単元のめあてを設定します。二次では、**「おにたのぼうしだけがのこったのはどうしてでしょうか」**という〈問い〉について交流したうえで、題名に込められる象徴性を捉えていきます。その後は、作品全体を通して心に残っている場面や箇所を交流し、本の紹介の仕方を捉えていきます。三次では、お気に入りの「おに」のお話を紹介するという言語活動を設定しました。紹介の仕方は教師の方で項目を設定します。本プランでは、**「あらすじ」「心に残っている場面」「題名の付け方について思うこと」**としました。これは、読む活動と紹介する言語活動のつながりがあるように配慮しています。

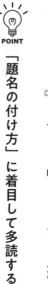

単元計画

次	時	●主な発問〈問い〉　・学習活動	・留意点
一	1 2	**●「おに」が出てくるお話の題名とあらすじを交流しましょう。** ・「おに」が出てくるお話の教師の読み聞かせを聞く。（複数） ・「おに」が出てくるお話を読んで，自分のお気に入りの本を紹介するというめあてをもつ。	・「おに」が出てくるお話の題名と内容について読書記録にまとめさせる。 ・本教材に出会わせる前に，「おに」が出てくる話を複数読み聞かせする。
	3	**●「おにたのぼうし」を読み，感じたことや考えたことを書きましょう。**	・単元のめあてである本の紹介の練習として本教材を位置付ける。
二	4	**●おにたと女の子の性格や生活の様子を比べてみましょう。** **●場面ごとに「○○なおにた」という短い言葉でまとめましょう。その時のおにたの心情もまとめましょう。** ・場面を七つに分け，作品の概要を把握する。	・おにたと女の子が置かれている状況で，似ている点を押さえる。 ・短い言葉で表にまとめ，あらすじを捉えさせる。 ・おにたの人物像がわかる根拠を指摘させる。
	5	**●「おにたのぼうし」だけが残ったのはどうしてでしょうか。** 交流	・おにたにとってのぼうしは，どんなものなのかを考えさせる。
	6	**●あなたが最も心に残っている場面はどこですか。また，それはなぜですか。** 交流	・４でまとめた場面ごとの表から全体構造を振り返り，心に残った場面を選ぶ。
	7	・「おに」が出てくる話を読む。 ・お気に入りの本について紹介カードにまとめる。	・「あらすじ」と「心に残っている場面」「題名の付け方について思うこと」についてまとめる。
三	8	**●お気に入りの「おに」のお話を紹介しましょう。** 交流 ・お話の中で出てきた「おに」の共通点や相違点についてまとめる中で，題名の付け方について振り返る。	・紹介する相手は，クラスの仲間以外にも下学年が考えられる。 ・単元の振り返りをする。

本時の展開例（第5時）

本時の目標　題名がおにたの想いを表していることに気付く

T1では、作品全体を通して変わったことと変わらないことを問います。このことにより、学習者は作品のはじめからおにたのぼうしが存在し、最後まで残っていること、そしてそれが題名となっているという構造を捉えていきます。ここまで捉えれば、**「おにたのぼうしだけが残ったのはどうしてか」**という問いが自然に共有されるものと考えます。

T2では、問いに対する読みを具体的な根拠を基にもたせたいところですが、難しい学習者もいるかもしれません。その場合は、**「おにたにとって、ぼうしはどんなものでしたか」**と補助発問をすることにより、「人間と交流する時に使うもの」「つのを隠す大事なもの」などの意見を引き出させたうえで、**「そんなぼうしをのこしたのはどうしてかな」**と再度問います。初めの問いは作品に対して俯瞰した立場からの問いですが、この問いはおにたの立場に近づけた問いです。三年生の発達段階、学習者の実態に応じて、後者の問いに適宜変えてもよいかもしれません。T3の交流の際、根拠を明示させることで、自他の読み方の異同を捉えられるようにします。交流を通して、**「古い麦わらぼうし」「ぽつんと」「氷がとけたように」**をはじめとした様々な言葉に着目させたいものです。このことにより、「おにたのぼうし」が残されたことについて、多様な意味付けをしていくことを期待します。T4では、多様な読みの可能性の中で、特に反応の強い読みを自覚化させます。このことにより、**題名と作品内容の重なりを捉えていく**ことを目指します。

本時の流れ

	●主な発問〈問い〉　・学習活動	・留意点
T1	**●作品を通して，変わったことと変わらないことは何ですか。** C：おにたが消えてしまったこと。 C：女の子の気持ちがうれしくなった。 C：おにたのぼうしだけが残った。	・板書で変わったことと変わらないことを整理する。 ・作品全体を通して変わらないことの一つに，おにたのぼうしがあり，題名にもなっていることを捉えさせる。
T2	**●おにたのぼうしだけが残ったのはどうしてでしょう。** C：「自分は本当はおにだよ」って女の子に伝えたかったのかな。 C：人間に，「いいおにもいる」ってことを言いたかったのかな。	・問いを設定した後，おにたにとって，おにたのぼうしとはどんなものなのかについて考える。
T3	**●考えたこととその根拠を仲間と交流しましょう。** C：「氷がとけたように」「ぽつんと」という言葉があるから，悲しいとか寂しいとかいう気持ちを伝えたかった。 C：「古い」ぼうしだから，「ぼくは，ずっと，つのを隠し続けてきたおにだったんだよ」って伝えたかったんじゃないかな。最後の望みみたいな。	・仲間と交流して新たに見つけた根拠には色を変えて線を引かせる。 ・グループなどの少人数で交流後，全体でも共有する。 ・学習者の読みの内容だけでなく，着目した根拠を指摘する。
T4	**●「おにたのぼうし」という題名から，何を感じますか。** C：おにたの悲しみ。 C：おにたの最後の希望。 C：おにたの，女の子へのメッセージ。	・題名と作品内容が密接に重なっていることを捉える。 ・他の作品では，どのような題名の付け方をしているかを問い，多読へ促す。

教材文：『新しい国語　三上』東京書籍（令和二年度版）より引用

教材研究の目 1 変化、対比の多さ

①じんざの変化

「サーカスのライオン」には、中心人物の「じんざ」の気持ちの変化を読み取ることのできる叙述がたくさんあります。じんざの行動や気持ちの変化を対比できる箇所がテクストに多く書かれているのです。初読では、ストーリーの大まかな展開や終末の大きな変化だけに目が行きがちです。それだけではなく、教室では、変容前と変容後が示されている叙述に着目し比較することで、学習者の中に生まれるテクストをつなぎ合わせたり、想像したりしながら中心人物の性格や気持ちの変容を捉えさせたい教材と言えるでしょう。「サーカスのライオン」の変化、対比には、主に次のようなものがあります。

【男の子と出会う前】		【男の子と出会ってから】
(1)「一日中ねむっていた」	→	「もうねむらないでまっていた」
(2)「のそりと立ち上がる」	→	「ひとかたまりの風になってすっとんでいく」
(3)「火の輪二本でも三本でも」	→	「火の輪を五つにしてくぐりぬけてやろう」
(4)三本の火の輪の挿絵	→	五本の火の輪の挿絵
(5)「白くにごった目」	→	「目がぴかっと光った」

例えば、(1)(3)(5)は、男の子との出会いを契機としたじんざの変化が、様子や行動として描かれています。展

開の中での変化が共通する言葉を用いて描かれるため、対比的な関係として全体を一貫したものとして捉えることができるのです。

(2)の「のそりと立ち上がる」じんざが「ひとかたまりの風になってすっとんでいく」のはなぜかを比較することで、じんざが男の子との出会いをきっかけに、男の子を想い、自分の足の痛いのも忘れて男の子を火の中から助け出そうと夢中で行動する様子や気持ちを想像し、読み取ることができます。

このように、叙述を比較することにより、読者は必然的に様々な部分テクストに着目し、テクスト全体をつなぎ合わせ、中心人物であるじんざの行動や気持ちの変容を想像し、また、変容するに至った経緯やそのきっかけ、置かれた状況を読もうと読みを一層推進させるのです。

②挿絵の変化

(4)のように、挿絵の比較も読者の読みを推進させる契機となります。男の子と出会う前の三本の火の輪をくぐり抜けるじんざの挿絵には、どことなくつまらなさそうな表情が見てとれ、叙述からは「おじさんがよそ見しているのに、じんざは二回、三回とくり返していた」とあります。その情景描写やじんざの表情から、ライオンつかいのおじさんとの信頼関係や親密さ、年老いたじんざのどこか物悲しい、退屈な日々やじんざの冷めた気持ちやつまらなさを読むことができます。それらを読み取ることで、自分と同じく一人きりの男の子との出会いや、男の子とのやり取りの一つ一つがクローズアップされ、それがじんざにとって、より輝きを放つ意味ある時間・出来事として際立つのです。一方、最終場面の挿絵では、五本火の輪が用意され、たくさんのお客さんの中、おじさんはしっかりと火の輪を見つめて一人むちを鳴らしていますが、肝心のじんざの姿はありません。挿絵を比較することで、始めと終わりの変化が一目瞭然で、その変化をもたらせたきっかけや原因、情景描写や叙述に自然と目が向き、読者はテクストをつなぎ合わせ思考を巡らせようとします。

教材研究の目

比喩とオノマトペ

2

①比喩

本作品における比喩やオノマトペは、物語に勢いやテンポ、躍動感や臨場感をもたせるものとしてたくさん使われています。

比喩は、「サーカス小屋は、まるで海の上を走るほかけ船のようだった」のように「風をたくさんはらんだテント」が、「海で帆を張って走るほかけ船に見える。」ということが「まるで～のように」と直喩で明示されるものとそれらの直接的な明記を避けた隠喩があります。本作品では、直喩が多く使われ、読者が情景描写をイメージしやすくなっています。松本修（2015b）は、比喩の構造として、直喩では、ここで言う風のはらんだテントをほかけ船の帆のイメージに重ね合わせて表象するという認識が共有され、隠喩では、例えば「白雪姫」という言葉を聞いた時、「白雪」のように肌の白い「姫」という意味が推測され、イメージ化されるということを言っています。たとえる言葉（喩辞）とたとえられる言葉（被喩辞）の関係が推測しやすいということが条件となるということを示しています。

「草原の中を、じんざは風のように走っていた。」といった本作の比喩は、情景描写に躍動感をもたせ、登場人物の言動をイメージしやすくする特徴をもち合わせています。読者は、比喩によって情景描写や場面の状況、登場人物の言動や気持ちを具体的なイメージと重ね合わせながら、想像を膨らませ、物語を読み味わい読書活動を一層推進させるものだと言えます。

②オノマトペ

「オノマトペ」とは、物事の状態を表す擬態語（ひくひく、めらめら）と音を言葉で表した「擬音語」（チタン、チタッ）、人や動物の発する声を表した「擬声語」（ウォー）などがあります。三宅夏葵・松本修（2016）では、中里理子（2005）の教科書教材に見るオノマトペの特徴を挙げつつ、日本の際立った特徴であるオノマトペについて、意図的に取り上げ学習する機会の必要性を掲げています。そこでは、オノマトペを扱った国語科と音楽科の合科的指導から、オノマトペに着目すると二年生の学習者でも、その時の様子や雰囲気を想像することができたことを示しています。本作品の主なオノマトペは次のようなものです。

・じんざはのそりと立ち上がる
・じんざは、ぐぐっとむねのあたりがあつくなった
・ほのおがぬうっと立ちふさがってしまった
・じんざはおどろいて、もぐもぐたずねた
・ぱっと火の中へとびこんだ
・じんざは力のかぎりほえた。ウォーッ

このように、オノマトペが使われている個所がたくさんあり、学習者はイメージを膨らませながら想像豊かに読書活動を推進していくものと考えられます。例えば「じんざがのそりと立ち上がった」様子を動作化して表しながら、じんざの心情を想像することも考えられます。そのじんざが、男の子を助けるために「ぱっと火の中へとびこんだ」様子から、じんざの男の子への想いや勇気ある行動を読みとっていくことでしょう。「ほのおがぬうっとふさがってしまった」状態を想像すると、八方塞がりでどうすることもできないじんざの力の限りにほえた「ウォーッ」に込められた思いを想像し、登ってきた男の人にやっとのことで「子ども」をわたすじんざの行動からじんざの性格を読み取ることができます。

教材研究の目 3 空所

①じんざの心情

「サーカスのライオン」では主に、次のような空所があります。

a　じんざはなぜ好きでもないチョコレートを男の子から目を細くして受け取ったのか。
b　「ウォーッ」を人間の言葉で言い換えると、どんな言葉なのか。
c　ライオン遣いのおじさんは、じんざがいないのになぜ五つの火の輪を準備し、一人ムチをならしたのか。
d　誰も跳んでいない火の輪くぐりに、なぜお客は一生懸命に手をたたいたのか。

aのじんざが目を細くしてチョコレートを受け取るのは、その後の叙述である「じんざはうれしかったのだ。」を手掛かりにして、どうしてうれしかったのかを、ゆうべのじんざと男の子とのやり取りを振り返りながら考えることができます。

bは火に囲まれ、窓から外を見て、高すぎて飛び降りることもできないじんざが、もう逃げ道がないことに気付き、身震いした状況や心情と関連付けて読むことができます。男の子を助けたい一心で力の限り叫んだ「ウォーッ」が人間の言葉で置き換えるとどんな言葉だったかも、読者はじんざの視点に立ち、何とか助けたい気持ちを読むことでしょう。ここでは、今までテクストで「男の子」と明記されていた言葉が、消防車が来て、はしごを登ってきた男の人に「やっとのことで子どもをわたす」というように「子ども」へと変換されています。この語りからは、火の手が凄まじく八方塞がりの中、じんざがどれほど必死だったのかがうかがえます。そして、大切な日々を共に過ごした男の子を助けたいというより、自分の命の危険が目の前に迫る中、ただ小さな命を何としてでも助けたいというじんざの思いや使命感を読むことができます。

②異なる視点から

ａとｂにおいては、今までじんざの視点で読んできた読者は比較的自然な流れでじんざの心情を読み、問いに向き合うことができます。一方で、ｃとｄでは、ライオン遣いのおじさんの視点やお客の視点に立つことが求められます。サーカスが一番盛り上がる最後の日に「おじさんは一人で、チタッとむちを鳴らした」とあり、「五つの火の輪はめらめらともえていた。だが、くぐりぬけるライオンのすがたはなかった。それでもお客は一生けんめいに手をたたいた。」とあります。そして、最後には、印象付けるかのように「ライオンのじんざがどうして帰ってこなかったかを、みんなが知っていたので。」という倒置法でしめくくっているのです。このことから、おじさんとじんざの信頼関係や親密性を振り返り、おじさんの心情を読んだり、じんざが帰ってこないとわかっていながらもたくさんのお客が一生懸命に手を叩く様子を昨夜のじんざの行動から読んだりすることでしょう。また、おじさんのむちを鳴らす挿絵を見ると、三本の火の輪の挿絵ではおじさんが「よそ見をしながら」であるのに対し、五本の火の輪の挿絵では、誰も跳ばない火の輪をしっかりと見つめてむちを鳴らす姿があります。そのおじさんの表情は、真剣なまなざしで力強い様子が伝わります。おじさんもお客も、じんざの昨夜の行動を称え、じんざを思い、じんざに敬意をはらっているかのような印象を受けます。

じんざが、男の子やおじさん、お客などの人々にどんな影響を与えたのでしょうか。教室では多様な読みを交流させたいところです。

教材研究の目

語り手と視点

4

①三人称の語り

文学作品を読む際に、「語り手」へ着目をすることで、より豊かに作品を読み進めていくことができます。語りには、私は・僕は〜など、語り手が私・僕である「一人称の語り」と、メロスは・彼女は〜などの中心人物の他に語り手が存在している「三人称の語り」などがあります。「サーカスのライオン」は、中心人物である「じんざ」とは違う語り手が存在していることから三人称の語りだと言えます。その場合、読者が主人公に語り手を通して同化することができます。学習者は、語り手を通して、ライオンのじんざに寄り添ってその時の気持ちを感じながら読み進めていくことでしょう。

語り手を着目させる際には、発達段階に応じて、語り手が誰に寄り添って話しているのかの「視点」を示したり、「それは誰の声で聞こえるのか」を問うたりすることで子どもたちの多様な読みを引き出すことができます。挿絵を黒板に貼り、カードに書いた目のイラストをサーカスのテントやじんざに近づけたり離したりしながら考えさせると、三年生でも「視点」を意識できると考えます。

②「語り手」を読む

本作品では、冒頭の「町外れの…」では、かなり遠いところから俯瞰して語りはじめ、「寒い風をはらんだテントが…」とサーカスのテントまでぐっと近づき、「ライオンのじんざは…」とじんざの近くで語り始めると、じんざに寄り添ってその後語られていきます。その際、読者はじんざに寄り添った読みを自然としていくでしょう。じんざがやっとのことで「子ども」をわたした後、「風にのったほのおは…」と語り手はまた俯瞰的な位置から語っていることがわかります。また、じんざがいない中、サーカスにはたくさんの客が来ている様子が次のように語られます。

・けれども、ライオンの曲芸はさびしかった。
・それでも、お客は一生けんめいに手をたたいた。

語り手について考える際に、語り手の人格性が問題になります。**「ライオンの曲芸はさびしかった」と思っているのは、誰なのでしょうか。**一人むちをたたく「ライオンつかいのおじさん」、ライオンのいない曲芸を観る「観客」あるいは、男の子とのやり取りを含めてお話の全てを知る「語り手」の気持ちとも読むことができます。学習者がどの立場で読むか、これによって意味付けられる他の叙述が異なります。「おじいさん」の立場であれば、全体を通したじんざに対する「おじいさん」の行動の意味や想いに気付くことになります。「観客」であれば、「一生けんめいに手をたたいた」の理由を「さびしかった」と結び付けて考えることになるでしょう。「語り手」の気持ちが表われている部分が他にもあるかもしれないと、振り返ることもできます。

最後の一文は、**なぜ「ライオンのじんざがどうして帰ってこなかったかを、みんなが知っていたので。」というふうに語られているのでしょうか。**この語りの中には、その場を俯瞰的に見るとともに「じんざがどうして帰ってこなかったのか」を読者に思い起こさせ、じんざと男の子との出会いや関係やこれまでの行動が人々にどのような影響を与えたのかを印象付けていると言えます。

じんざが帰ってこなかった理由を知っていた「おじいさん」「観客」「語り手」の視点で全体を読み返し、その心情や読者自身がじんざに対して様々に感じたこと等を交流させたいところです。

教材研究を活かした単元計画と発問・交流プラン 1

じんざが人々に与えた影響を読もう

POINT

教師と学習者が共に〈問い〉を設定する

「教材研究の目」でも前述したように、本教材は変化、対比が多く、学習課題を自由に学習者に設定させても**対比しているテクストや変化に着目すること**で比較的スムーズに問いを解決していけると考えます。ですから、学習者と相談をしながら問いを設定していくとよいと考えます。

二次では、**「視点」「語り手」**という概念を教えます。語り手と登場人物の挿絵やイラスト等を用いて、それぞれを遠ざけたり、重ねたりして教えると学習者の理解が促されます。例えば、「じんざは力のかぎりほえた」と「ライオンのじんざがどうして帰ってこなかったかを、みんなが知っていたので。」といった具体的なテクストを読み上げながら、**「この時語り手は、じんざから離れていますか。重なっていますか」**などと働きかけるといった具合です。

三次では、**「じんざに手紙を書く」**という言語活動を設定しました。最後の語りによって、じんざのこれまでの行動が人々に与えた影響の大きさを強調していることに気付くことができます。よって、読者である学習者も最後の語りによって、じんざのこれまでの行動を想起し、いろいろな思いが湧き出てくるでしょう。このような状況は、学習者に「じんざに手紙を書く」という言語活動への意欲を自然に高めるものと考えます。

単元計画

次	時	●主な発問〈問い〉　・学習活動	・留意点
一	1	**●「サーカスのライオン」を読んで，感じたことや考えたことを書きましょう。** ・学習の計画を学習者と相談しながら設定する。	・学習者は様々な問いを出してくるが，解決できるものと解決できないものがあることを確認する。
	2	**●じんざと男の子の性格や生活の様子を比べてみましょう。**	・じんざと男の子が置かれている状況で，似ている点を押さえる。
二	3	**●場面ごとに「○○なじんざ」という短い言葉でまとめましょう。その時のじんざの心情もまとめましょう。** ・場面を五つに分け，作品の概要を把握する。	・挿絵をランダムに提示し，学習者に並び替えさせたり，表にまとめたりするとあらすじを捉えやすい。
	4	**●「ウォーッ」という叫び声を人間の言葉で言い換えるとどんな言葉でしょうか。** 交流	・交流の際は，「どうしてそう考えたのか」「どの根拠に着目したか」を明示させる。
	5	**●ライオンつかいのおじさんは，じんざがいないのに五つの輪を準備したのはどうしてでしょうか。** 交流	・三つの火の輪をくぐるじんざの挿絵と五つの火の輪の挿絵を比較し，ここまでのじんざの行動を想起させる。
	6	**●「それでもお客は一生けんめいに手をたたいた…」の最後の語りから，どんなことを感じますか。** 交流	・じんざの行動がおじさんや人々にどんな影響を与えたのかを考えさせる。
三	7	**●じんざに手紙を書きましょう。** ・読者の立場でじんざに手紙を書く。 **●書いた手紙を交換して読んでみましょう。** 交流 ・書いた手紙を読み合う。	・基本的に自由に書かせてよいと考えるが，書き方のわからない学習者には「じんざに伝えたいこと」，○○なじんざを想起させ「じんざについて知っていること」と，項目を与えるとよい。

本時の展開例（第6時）

本時の目標　最後の語りが、じんざが人々にたくさんの影響を与えたことを強調していることに気付く

T1では、「三つの火の輪の挿絵」と「五つの火の輪の挿絵」を比較することによって、その違いを顕在化します。「五つの方にはたくさんのお客がいる」などという、学習者の反応を聴きながら、**「なぜ五つの火の輪には大勢のお客がいるのかな」**などと補助的に問いかけます。すると、前時でおじさんの視点に立った学習者は自然な流れでお客の視点に立つことができます。「最後の語りがおじさんやお客のじんざへの思いが込められていること」に目が向き始めてきている状況で、本時の問いを投げかけます。

T2では、最後の語りが「倒置法」によって、あえて文章の流れを乱し、読者にじんざがなぜいないのか、じんざの行動が人々にどのような影響を与えたのかを印象付けています。より深く掘り下げていくために、まず、問いに対して一人で考えさせます。その際、挿絵の入ったワークシートなどを用いて、お客の立場や読者の立場、俯瞰した語りの立場で読むことが考えられます。比較しながらそれぞれの**考えとともにどの根拠や場面に着目したかを明示させること**が大切です。教科書や全文のテクストが書き込まれたプリントなどを用意して、着目したテクスト箇所に線を引かせるとよいでしょう。T3の交流の際、自他の読み方や着目した箇所の共通点や相違点を意識化することができます。T4は自らの読みの意味付けを促す働きかけです。**じんざの勇敢さが人々にたくさんの影響を与えたことをより強調していること**を捉えていくことを目指します。

本時の流れ

	●主な発問〈問い〉　・学習活動	・留意点
T1	**●三つの火の輪の挿絵と五つの輪の挿絵の違いはどんなことですか。** C：五つの方はじんざがいない。 C：じんざはいないけど，おじさんとたくさんのお客がいる。	・挿絵のじんざやおじさんの表情，「よそ見しているのに」「ライオンのすがたはなかった。それでも…」といったテクストに着目する。
T2	**●「お客はけんめいに手をたたいた…」の最後の語りから，どんなことを感じますか。そう感じた根拠に線を引きましょう。** C：じんざが命をかけて男の子を助けた場面を思い出した。ものすごく頑張ったと思う。 C：すごく心がぎゅっとする。	・学習者が，最後の語りの倒置法に着目してきたところで，問いを設定する。 ・倒置法で表したテクストとそうでないテクストを読み上げ，その効果を考える。 ・挿絵を使ってこれまでのじんざの行動を想起する。
T3	**●考えたこととその根拠を仲間と交流しましょう。** C：「ようし，…火の輪を五つにしてくぐりぬけてやろう」と書いてある。男の子のために頑張った。男の子との思い出を思い出すともっと悲しい。 C：「やっとのことで子どもを」「声をかぎりによんだ」という言葉がじんざの必死さとじんざをみんなが助けたい思いが表れていると思う。	・仲間と交流して新たに見つけた根拠には色を変えて線を引かせる。 ・グループなどの少人数で交流後，全体でも共有する。 ・学習者の読みの内容だけでなく，着目した場面や挿絵，根拠を指摘する。
T4	**●最後の語りに込められていたことは何でしょうか。** C：じんざと男の子の絆。 C：じんざの男の子への思いや，これまでのことを思い出すと心がぎゅっとする。 C：じんざのこれまでの行動を思い出させ，勇敢な行動をたたえている。	・じんざの勇敢さが強調される作品であることを捉えることにより，じんざへの手紙を書くという次時の言語活動につなげるようにする。

教材研究を活かした単元計画と発問・交流プラン

2

「ライオン」のお話を紹介しよう

POINT

「どのような人物か」に着目して多読する

「サーカスのライオン」は、ライオンのじんざが男の子とのかかわりによって、様々に行動や心情が変化していきます。先述したように変化を対比する記述がたくさんテクスト内に散りばめられているので、変容がわかりやすい作品です。学習者がイメージするライオンと比べながら、本作品を読み、本単元では、「ライオン」が出てくる話を多読し、**「人物像」**に着目した読みの力を身に付けていくことをねらいとします。

一次では、「サーカスのライオン」に出会う前に、それぞれの「ライオン」のイメージを出し合いながら、「ライオン」が出てくるお話を振り返ったり、教師が読み聞かせたりします。このことを通し、**「ライオン」が出てくるお話を紹介する**という単元のめあてを設定します。二次では、**「「ウォーッ」という声を人間の言葉に言い換えるとどのような言葉でしょうか」**という問いについて交流したうえで、人物像や出来事、変化したきっかけや原因を捉えていきます。その後は、作品全体を通して心に残っている場面や箇所を交流し、本の紹介の仕方を捉えていきます。三次では、お気に入りの「ライオン」のお話を紹介するという言語活動を設定しました。紹介の仕方は教師の方で項目を設定します。本プランでは、**「あらすじ」「心に残っている場面」「ライオンについて思うこと」**としました。これは、読む活動と紹介する言語活動のつながりがあるように配慮しています。

単元計画

次	時	●主な発問〈問い〉　・学習活動	・留意点
一	1 2	**●「ライオン」が出てくるお話の題名とそのあらすじを交流しましょう。** ・「ライオン」が出てくるお話の教師の読み聞かせを聞く（複数）。 ・「ライオン」が出てくるお話を読んで，自分のお気に入りの本を紹介するというめあてをもつ。	・「ライオン」が出てくるお話の題名と内容について読書記録にまとめさせる。 ・本教材に出合わせる前に，「ライオン」が出てくる話を複数読み聞かせする。
	3	**●「サーカスのライオン」を読み，感じたことや考えたことを書きましょう。**	・「サーカスのライオン」は，本の紹介のプレ教材としての位置付けとする。
二	4	**●じんざと男の子の性格や生活の様子を比べてみましょう。** **●場面ごとに「○○なじんざ」という短い言葉でまとめましょう。その時のじんざの心情もまとめましょう。** ・場面を五つに分け，作品の概要を把握する。	・じんざと男の子が置かれている状況で，似ている点を押さえる。 ・短い言葉で表にまとめ，あらすじを捉えさせる。 ・じんざの人物像がわかる根拠を指摘させる。
	5	**●「ウォーッ」という声を人間の言葉に言い換えるとどのような言葉でしょうか。** 交流	・じんざのおかれた状況をそれまでの場面をつなげて整理する。
	6	**●あなたが最も心に残っている場面はどこですか。また，それはなぜですか。** 交流	・第４時でまとめた場面ごとの表から全体構造を振り返り，心に残った場面を選ぶ。
	7	・「ライオン」が出てくる話を読む。 ・お気に入りの本について紹介カードにまとめる。	・「あらすじ」と「心に残っている場面」「ライオンについて思うこと」についてまとめる。
三	8	**●お気に入りの「ライオン」のお話を紹介しましょう。** 交流 ・お話の中で出てきた「ライオン」の共通点や相違点についてまとめる中で，人物像や変化について振り返る。	・紹介する相手は，クラスの友達以外にも下学年が考えられる。 ・単元の振り返りをする。

本時の展開例（第5時）

本時の目標　じんざの人物像や変容が題名により、より強調されていることに気付く

T1では、作品のはじめと終わりのじんざを比べて変化したことを問います。このことにより、じんざが死んでしまった原因やきっかけ、そこに至るじんざの行動や心情の変化を読み取っていきます。そしてそれが、退屈で平凡な「サーカスのライオン」として過ごしていたじんざが題名となっていることでじんざの変容や結末がより強調されている構造を捉えていきます。

T2では、問いに対する読みを具体的な根拠を基にもたせたいところですが、難しい学習者もいるかもしれません。その場合は、**「じんざにとって、男の子はどんな存在でしたか」**と補助発問をすることにより、「自分と同じひとりぼっち」「退屈だった日々が毎日楽しくなった」などの意見を引き出させたうえで、**「『ウォーッ』という声を人間の言葉で言い換えるとどのような言葉でしょうか」**と再度問います。じんざの行動や心情の変容に男の子の存在があることに着目することで、場面を往還しながら作品全体を捉え、じんざの心情に迫っていきます。T3の交流の際、根拠を明示させることで、自他の読み方の異同を捉えられるようにします。交流を通して、「思わず身ぶるい」「さすがのライオンも」「子どもを」をはじめとした様々な言葉に着目させたいものです。このことにより、「サーカスのライオン」が人々に多くの影響を与え、皆の心に残ったことについて、多様な意味付けをしていくことを期待します。T4では、多様な読みの可能性の中で、**題名と中心人物の人物像や変容を捉えていく**ことを目指します。

本時の流れ

	●主な発問〈問い〉・学習活動	・留意点
T1	**●作品のはじめと終わりのじんざを比べて変化したことは何ですか。** C：じんざが死んでしまったこと。 C：退屈な日々を送っていたじんざが必死に命がけで男の子を救った。 C：じんざがみんなの心に残った。	・板書で変化したことのきっかけや原因を整理する。 ・挿絵や第４時で扱った表を基にじんざの心情や行動の変化を捉えさせる。
T2	**●「ウォーッ」という声を人間の言葉で言い換えるとどのような言葉でしょうか。** C：「男の子だけでも助けてくれ」って伝えたかったのかな。 C：どうすることもできない状況に「自分と男の子はここにいる」ってことを言いたかったのかな。	・問いを設定した後，これまでの場面を比較したりつなげたりしながら，じんざにとって，男の子とはどんな存在なのかについて考える。 ・ライオンの内声や心情でもよい。そう考えた根拠に線を引かせる。
T3	**●考えたこととその根拠を仲間と交流しましょう。** C：「思わず身ぶるいした」「高いので，さすがのライオンも…」という言葉があるから，もう逃げ道がないと知ってまだここにいることを気付いてほしかった。 C：「やっとのことで子どもをわたすと」から，じんざにはもう男の子を救うというよりもただ必死に目の前の子どもを助けたかったんじゃないかな。自分の命に賭けてもみたいな。	・学習者の読みの内容だけでなく，前後の場面を比較したりつなげたりしながら，着目した根拠を紹介する。 ・仲間と交流して新たに見つけた根拠には色を変えて線を引かせる。 ・グループなどの少人数で交流後，全体でも共有する。
T4	**●「サーカスのライオンのじんざ」はどのような人物だと思いますか。** C：ものすごく勇敢。 C：男の子との出会いによって，再びやる気がみなぎった。 C：じんざは，何となく一人ぼっちの男の子と自分を重ね合わせていた。	・作品のいろいろな場面で様々な人物像を読むことができることを捉える。 ・他の作品では，どのような人物像のライオンがいるかを問い，多読を促す。

教材研究の目

1 絵本テクストの教材

教材文：『国語三下　あおぞら』光村図書（令和二年度版）より引用

①絵本と教科書本文

『モチモチの木』は、一九七一年に岩崎書店から発行された斎藤隆介作、滝平二郎絵の絵本です。斎藤隆介は、「八郎」「ベロ出しチョンマ」で知られる創作民話の作家です。「スイミー」などもそうですが、絵本として作られたものが教科書に載る時には、大幅に絵が少なくなり、また、小さくもなります。「モチモチの木」の場合は絵の位置も改変されています。そして、本文の表記も改変されたり省略されたりしています。学習者への配慮ということもありますが、発行元によっても違いますので、元の絵本との違いは、確認しておきたいところです。読者側から言うと、絵本テクストの読み方と教材テクストの読み方はやはり違ってきます。

表記で言うと、教科書で「せっちん」とあるのは、絵本では「セッチン」とカタカナが使われており、絵本では全体的にカタカナが多くなっています。また、「ワァッ！」という表現は「わあっ。」に変えられています。教科書としての表記のあり方に配慮しているのです。「……ソレジャァ　オラワ、トッテモダメダ……」が「──それじゃぁ、おらは、とってもだめだ──」になっているように、絵本では、豆太のせりふは、基本的にカタカナになっています。

じさまが腹痛でたたみに転げた時、豆太のせりふ（考え）は、教科書では「医者様をよばなくっちゃ。」になっていますが、絵本ではカギ括弧はなく、「──イシャサマオ、ヨバナクッチャ！」になっています。この違いは大きく、わざわざ「ヲ」ではなく「オ」になっているところに、豆太が直面した事態の緊迫感が反映されています。

②絵本テクストの活用

また、豆太がモチモチの木の「灯」を見た場面は、絵本では見開き2ページに灯のついたモチモチの木が描かれ、背景の黒の上に白抜きで一行だけ「モチモチの木に　ひがついている！」とここはひらがなで、大きな活字で書かれています。豆太が明確にはっきりと見えたものを意識化していることがわかります。教科書でも見開きで大きな絵を載せていますが、さすがに一行だけ独立させてはいません。しかし、いずれにせよ、豆太のこの思いの重要性は、「ひ（灯）」と「明かり」の違いも含めて、注意したいところです。

教科書テクストだけですと、「――イシャサマオ、ヨバナクッチャ！」や「モチモチの木に　ひがついている！」を取り上げて問いをつくることはできませんが、上月（2018a）では、あえて絵本版のテクストを用い、**『モチモチの木に　ひがついている！』のセリフだけが平仮名になっているのはなぜか」**という問いをめぐって読みの交流を展開しています。学習者の一人は、「今まで臆病だったけど、その時にだけ勇気があったからだと思います」と発言しており、豆太の意識が変化していることを捉えています。豆太の人物像の変容を捉えさせようとする場合、絵本のテクストの活用は一つの可能性を拓くものであることがわかります。「――イシャサマオ、ヨバナクッチャ！」も、ここだけでも取り上げて読みの交流を行うことができそうです。

ちなみに、初版では、描かれている月は表紙にあるような三日月だったものを、「霜月二十日の丑三つ時に三日月はおかしい」という教師の指摘を受けて改めたのです。この改訂は滝平の意に染まなかったということが知られています。文学のリアリティというものの意味が理解されていない話です。

そもそも、有名な作品であるほど、幼稚園段階で多くの子どもが絵本の形で読み聞かせの体験や読んだ体験をもっていることが多く、その体験が裏側にあったうえで、教科書テクストに向かっているということを想定しておく必要もありそうです。

教材研究の目

物語の構造 2

①場面と構造

物語の構造という言葉は、幾通りかの意味で捉えることができます。一つには、お話の筋と順序のような「ストーリー」という捉え方ができますし、物語のつくりのような「プロット」という意味でも捉えることができます。大切なのはプロットですが、学習者が読みの学習をしていく場面では、話の流れの確認も必要なプロセスです。

「モチモチの木」は、絵本では場面分けは（ページによって提示されていると言うこともできますが、本文の上では）なされていません。しかし、教科書の本文ではいくつかの場面に分けられ、それぞれ見出しや数字がついています。光村図書・学校図書・東京書籍の本文では、見出しは「おくびょう豆太」、「やい、木ぃ」（やい木ぃ！／やい木ぃ）、「霜月二十日のばん」（しも月二十日のばん）、「豆太は見た」、「弱虫でも、やさしけりゃ」となっており、教育出版の本文では、同じ場面分けで1～5の数字が置かれています。この構造は、読み手からすると場面の区切りがわかるので読みやすいとも言えるでしょう。そして、最初の二つの場面は、豆太・じさま・モチモチの木についての設定がなされており、物語が動き出すのは霜月二十日の晩からということになります。豆太がモチモチの木に灯がついたのを見た後、その翌日の場面で話は終わっています。

クライマックス構造を重視する場合は、三つ目の場面から五つ目の場面にかけて緊迫と弛緩の構造を重視する読み方をとることになります。また、豆太の成長に焦点を当てる場合は、平野（２００１）が指摘する「通過儀礼」という物語の「話型」を重視するという立場になり、その場合「構造」はナラティブ・ストラクチャーという概念に近いものとして捉えることができます。

②最後の場面の意味

この物語は、「全く、豆太ほどおくびょうなやつはない。もう五つにもなったんだから、夜中に、一人でせっちんぐらいに行けたっていい。」という語りからはじまっています。どこか、豆太のことを冷たく突き放している印象が受け取れます。また、この物語の最後の語りは「――それでも、豆太は、じさまが元気になると、そのばんから、「じさまぁ。」と、しょんべんにじさまを起こしたとさ。」となっていて、「めでたしめでたし」が付きそうなおどけた印象があります。この語り出しと語り納めを取り上げ、比較するという学習もよく行われます。また、そこに関連して豆太のじさまへの呼びかけに焦点化して問いをつくることもできます。

冒頭の場面の豆太のセリフ「じさまぁ。」と最後の場面の豆太のセリフ「じさまぁ。」に着目すると、表記上は全く同じとなっています。このことに気付かせたうえで、**「はじめの「じさまぁ。」と最後の「じさまぁ。」は同じか」**と問うことにより、個々の作品全体の主題把握との関連で読みが提出されることになります（上月、2018b）。例えば、「同じだ」と主張する子どもは、「人間はいざというときに力を発揮するが、そんなにすぐ変わらないものだ」と意味付けている可能性があります。逆に、「違う」と主張する子どもは、「豆太は初めと最後では成長していて、気持ちのもち方が違う」と意味付けている可能性があります。「主人公の変化を読む」という点にかかわる、読みの交流における重要な着目すべき箇所であるといえるでしょう。

語り手は、あえてこの語り納めをすることで、豆太はもとのおくびょう豆太に戻ったのではないということを、構造として示しているのだと考えられます。

教材研究の目

語り手 3

①語り手の立ち位置

この作品は、「全く、豆太ほどおくびょうなやつはない。もう五つにもなったんだから、夜中に、一人でせっちんぐらい行けたっていい。」と始まります。この物語を語る語り手は、まず、登場人物の豆太を「豆太」という名前で呼んでいる、物語内容の世界に登場しない超越的な語り手として現れます。しかも、なんとなく豆太をからかうような感じで語り始めます。「五つになって「シー」なんて、みっともないやなぁ。」というような言い方もします。物語世界を外から客観的に見ているだけではなく、登場人物に批評的な立場をとります。そして、この言い方は、読み手に対して直接語りかけるような形になっています。語り手は、昔話のような語りの場（語り手と聞き手が一緒にいて、そこで語っているような場）を想定している感じです。

しかし、「秋になると、茶色いぴかぴか光った実を、いっぱいふり落としてくれる。」というような部分では、「くれる」という授受動詞の表現によって、豆太の立場からの表現になっています。「ふかして食べると、ほっぺたが落っこちるほどうまいんだ。」という表現は、豆太の味覚が提示され、豆太が考えていることがせりふのように提示されています。語り手は豆太に寄り添っており、読み手によっては豆太にまさに入り込んでいると感じる場合もあるでしょう。「だって、じさまもおとうも見たんなら、…（中略）…とんでもねえ話だ。ぶるぶるだ。」というような表現も同じです。「おとう」という呼び方は「豆太」の立場からのものですし、「自分」も豆太が自分自身をさしていると捉えることができます。

②描出表現

こうして、物語の外から物語を語る語り手が、ある時は豆太の見ていること、考えていることをそのまま提示するような立場をとると、読み手によって、語り手側の立場から読むか、豆太側から読むかが異なってきます。そういう箇所を問いに取り上げ、読みの違いをめぐって交流活動をつくることができます。

西田（2020b、103頁）では、**「語り手は、豆太のことをどう思っているのか」**という問いを示し、交流の例をあげています。そこでは、語り手の考えなのか、豆田の気持ちなのかよくわからないところについて、「それはあっていい」（両方があっていいという意味）とか、「お父さんが語り手で、豆太を心配している」というような読みが出されています。

語り手は、話を進めながら、人物の行動や様子、時には人物の気持ちを語ります。「語り手が話を語っている中で、語り手の考えが語られていると思える時がある。」と西田は言っています。語り手の役割については微妙な部分もあるので、そこを考えさせることで、読みが妄想的になる（なんでもかんでもありになってしまう）ことを防ぐことにもつながると考えます。

誰の声で聞こえるのかが読み手によって違うような表現を「描出表現」や「自由間接表現」と言います。描写と表出の両方の側面があったり、引用表示がなく（free ＝自由）、直接のセリフでない表現となっていたりするからです。「とちゅうで、月が出てるのに、雪がふり始めた。この冬はじめての雪だ。」のような表現は、「とちゅうで」という場面にある感じから豆太の声で聞こえるという読み手と、「この冬はじめて」という解説的な感じから人物から離れた語り手の声で聞こえるという読み手との両方がいます。「雪だ。」という判断が誰のものかという読み方が違うことになります。語り手に着目して読むことで、交流を活発にすることもできます。

教材研究の目

主人公

4

①豆太は変化したか

「物語の登場人物の中で最も変化した人物が『主人公』である」といわれています。中心人物という言い方もします。「モチモチの木」では登場人物が限られており、主人公を豆太とすることに異論はないでしょう。

しかし、豆太が本当に変化したのか、という問いへの答えは様々であり得ます。

豆太は変化したのか、変化したとすれば変化した点は何かと聞くと、「じさまが元気になると、そのばんから、しょんべんにじさまを起こした」「最初と同じように「じさまぁ。」と起こしている。」という叙述を根拠にして「変化していない」と答えることも可能です。一方、「じさま」の急病という大事に、勇気を振り絞り、夜の道を駆けて医者様を連れてきた行動は「おくびょうとは言えない」という読みも引き出されます。

「じさま」が「豆太」を思う様子はところどころに書かれています。豆太のおとうがくまと組みうちして、頭をぶっさかれて死んだあと、とうげのりょうし小屋に、じさまと二人だけでくらしています。じさまはその豆太がかわいそうで、かわいかったと語り手によって語られています。豆太を思う気持ちから、夜中に豆太が「じさまぁ。」と呼べばすぐにじさまは目をさましてくれます。しかし、じさまの急病で豆太が起こした勇気ある行動から豆太の成長がわかり、それをじさまが喜んでいることもわかります。このように、物語全体を通した豆太の内面的な変化、あるいはじさまとの関係の変化に着目させるような活動につなげることができます。

「豆太は変わったのか、変わっていないのか」という問いをあえて考えることができます。

②叙述を基にした交流

それぞれの答え方の理由について、ある程度叙述を基に説明することができるでしょう。しかし、ここで大事なことは、二項対立の問いであっても、二項対立では説明しきれない豆太の心情にせまることだということを西田（２０２０ｂ）は述べています。豆太の変容にかかわる要素をできるだけ板書に示すことで、時系列で叙述を基に説明し、豆太の変容を考えられるように教師が促し整理する必要があるでしょう。問いの答えについて、叙述を根拠にして交流を行うことだけではなく、叙述だけでは説明できない部分についても様々なことを根拠に意見を出し合い、交流が進んでいきます。叙述から離れた根拠のない「空中戦」は無意味ですが、根拠を理由付けするところでは、個人の経験なども材料になることがあります。

その根拠の中でも、既に見たように、「じさま」の側から見た豆太が重要です。モチモチの木に灯がともる「山の神様のお祭り」について、じさまが話すとき、「おらも、子どものときに見たことがある。死んだおまえのおとうも見たそうだ。」「それは、一人の子どもしか、見ることはできねえ。それも、勇気のある子どもだけだ。」と言う、その「一人の子ども」は、じさまにとっては豆太しかいないものとなっているように読めます。それは、じさまが元気になった後、「おまえは、山の神様の祭りを見たんだ。」「おまえは、一人で、夜道を医者様よびに行けるほど、勇気のある子どもだったんだからな。」と言っていることと呼応しています。

豆太の人物像は、語り手が描くと同時に、じさまのセリフの中でも示されているわけで、そうした人物像の変化を読み取る時、主人公としての豆太が浮かび上がってくるということにもなります。

このように、主人公豆太の変容についての問いは、様々な読みの可能性を引き出す問いであると言えるでしょう。こうした点にかかわる問いを基に交流を進めていきたいところです。

教材研究の目 5 視点

①描出表現と視点

視点という用語は問題点を抱えていて、最近ではあまり使わなくなっています。その問題点は、物語内をどこから見た感じで描くかという「カメラアイ」的なものと、人物に限定して、どの人物の立場で描くかという「人物視点」とが混在してしまい、「語り」の問題とまぜこぜになってしまうというところにあります。しかし、読みの分かれる「描出表現」（誰が主体なのか曖昧な表現）にかかわって、読みの違いを浮かび上がらせる場合には、有効な観点となりえます。日本語の表現はしばしば主語が明示されないので、こうした読み手による読みの違いが現れやすいのです。

外はすごい星で、月も出ていた。とうげの…（中略）…霜が足にかみついた。足からは血が出た。

この場面で、**「豆太が医者様を呼びに走りだした場面の絵を描いてみよう」**という学習課題を提示することができます（もちろん、挿絵のついた教科書本文を使わず、文字だけの本文を使うことになりますが）。この絵の構図を、目の前に坂道が延び、ふもとの方が見える形にする学習者は、登場人物である豆太の人物視点、ないしはすぐそばに寄り添う形で知覚の基点を置くものとして語りを捉えていることになります。一方、坂道を駆け下りる豆太を横から描く形にする学習者は、第三者的な語り手の視点に立って、客観的に見るようなものとして語りを捉えていることになります。この違いが、読み手側の頭の中にあるイメージの違いとして現れるのです。

②ミニマル・ストーリー

物語を一文で表す「ミニマル・ストーリー」を書かせてみると違いがわかることもあります。豆太視点で読んでいる読み手は、「豆太が、腹痛で苦しんでいるじさまのために医者様をよばなくっちゃと、こわくてたまらないし、霜が足にかみつき、足から血が出たのに医者を呼びにがんばって走って行った話」というように豆太の心情に寄り添う文を書くことが多いでしょうし、客観的な語り手の視点から見る読み手は、「おくびょうな豆太が腹痛のおじいさんのためにふもとの村まで医者を呼びに行って助けた話」というように、豆太の視点そのものからは少し離れた文を書くような形にもなり得ます。

引用場面では、じさまを助けようと豆太が医者様を呼びに家を飛び出した後の様子について描写されています。この知覚の基点が豆太の目そのものと考える読み手は、前半部の読みに、「霜が足にかみついた」という、痛みや触覚という視覚よりも直接的な感覚が強く結び付いているとも言えます。「足からは血が出た。」も客観的なものとも言えますが、「血」の色彩と痛みの感覚が強く影響するのでしょう。

視点をどう読むかが読み手によって違うということを、絵を描くことで可視化するわけですが、**「なぜそのような構図で書いたのか」**を説明し、交流するということが大事です。「違う」ことに気付くだけでなく、なぜ違うのかを交流によって理解することで、様々な読み方があることに気付くからです。

ミニマル・ストーリーとの組み合わせでそうした読み方の違いへの気付きをさらに深めることができるでしょうし、「語り」の様々な側面への気付きと合わせて学習を進めていくこともできます。自分が豆太になりきってその視点で読んでいることに気付いた読み手は、別の読みに触れ、理解することで、別の視点で読むという方法を意識できるようになるはずです。

教材研究の目 6 象徴

①象徴を読む

象徴は、「抽象的なものを表す具体的なもの」を言います。モチモチの木という具体的なものが、何を意味するかを考えるのが、「象徴を読む」ということになります。

「モチモチの木」は、物語にも「モチモチの木ってのはな、豆太がつけた名前だ。」とあるとおり、じさまと豆太が住んでいる猟師小屋のすぐ前に立っている「とちの木」のことです。トチノキは「栃」「橡」と書かれる木で、ツバキに似た実の種は、大きさや色、形が栗に似ていて、より丸みをおびています。この実が食用となり、渋抜きに手間がかかるものの、粉の多くはもち米と一緒に蒸して搗いた栃餅やその煎餅として食べられていました。それは豆太にとっては「ほっぺたが落っこちるほどうまい」ので、「実ぃ落とせぇ。」とさいそくしています。枝先に小枝がたくさんついて、その柄の先に細長い卵形の葉が五～七枚、手のひらの形のようにつきます。そのため、見た目は「空いっぱいのかみの毛をバサバサとふるって、両手を「わあっ。」とあげる」ように見え、「木がおこって、両手で、「お化けぇ。」って、上からおどかす」ようにも見えるわけです。

②モチモチの木は何の象徴か

その木が、じさまの話によれば、「霜月の二十日のうしみつにゃぁ、モチモチの木に灯がともる」「木のえだえだの細かいところにまで、みんな灯がともって、…（中略）…ゆめみてえにきれい」なのだと豆太も聞いています。おくびょうな豆太は夜は外に出られないので、こわくて見ることはできないとあきらめていたわけですが、じさまがはらいたを起こした晩は、その霜月二十日でした。「そのモチモチの木に、今夜は、灯がともるばんなんだそうだ。」とあるとおりです。勇気を振り絞って医者様をふもとまで呼びに走った豆太は、その灯を見ることになります。

豆太はおどろき、感動したはずですが、医者様は、「あれは、とちの木の後ろに、ちょうど月が出てきて、えだの間に星が光ってるんだ。そこに雪がふってるから、明かりがついたように見える」と説明します。しかし、豆太の見たものはそうではないはずです。

じさまは、「おまえは、山の神様の祭りを見たんだ。モチモチの木には、灯がついたんだ。」と言っています。学習者には、「明かり」と「灯」の違いに気付かせたいところです。そこに気付けば、**「このモチモチの木が、何の象徴なのか」**ということを問うことができます。じさまは、「一人の子どもしか、見ることはできねえ、それも、勇気のある子どもだけだ」と言っています。それは大人にも、勇気のない子どもにも、見ることができない「何か」なのです。「山の神様のお祭り」ということばの奥にあるものを考えたいところです。

「山の神様が選ばれた子どもに見せてくれるごほうび」と答えることができるかもしれません。また、「豆太にも受け継がれる猟師としての力」と答えることができるかもしれません。おとうは熊と組みうちして死んだ「きもすけ」だし、じさまは、六十四になって青じしを追って岩のとびうつりをやってのける猟師なのですから。

モチモチの木が何の象徴かということは、たとえ象徴という言葉を使わなくても、学習者自身の言葉で考え、表現してもらいたいところです。

教材研究を活かした単元計画と発問・交流プラン

1

語り手について考えよう

POINT

教師と子どもが共に〈問い〉を更新する

「教材研究の目」でも前述したように、本教材は「語り手」について考えさせたい教材になっています。学習課題を自由に学習者たちに設定させると、「なぜ、豆太はおくびょうなのか」「なぜ、豆太はモチモチの木がこわいのか」など、物語の本質に迫るような問いが学習者の中から出てきます。

二次では、**「語り手」**という概念を教えます。**「最初の、二文はだれの言葉か」**を学習者に考えさせることで、「語り手」の存在を明らかにし、豆太やじさまの気持ちや考えを代弁していることを学習の中で触れていく必要があります。そうすることで、豆太について考える時に、「語り手」の語りなのか、「豆太」の語りなのかを、学習者と一緒に教師は時系列で整理する必要があると思います。また、問いについて考えさせ、交流するということをクラスの習慣にすることで、考えの広がりや深まりにつながると考えます。

三次では、**「学習感想文を書く」**という言語活動を設定しました。学習してきた問いの中から自分が気に入った問いを一つ選び、自分の考えや交流を通して自他の考えにどうかかわったのかを振り返りまとめていきます。そのために、交流や自分の考えについて再考を重ねて、学習者が物語の「読み手」として豆太や語り手と共に読むことができると考えます。

単元計画

次	時	●主な発問〈問い〉・学習活動	・留意点
一	1	**●「モチモチの木」を読んで，思ったことや考えたこと不思議に思ったことを書きましょう。** ・どんな感想を書いたか発表し合う。	・物語の内容にずれがないか確認する。
	2	**●感想を基にクラスで考えたい問いを選びましょう。** ・考えた問いを出し合い，クラスで読み深めたい問いを選ぶ。	・考えたい問いを選ぶ理由を明確にする。
二	3	**●場面ごとに「○○な豆太」という短い言葉でまとめましょう。その時の登場人物の心情や起こった出来事もまとめましょう。** ・場面を五つに分け，作品の概要を把握する。	・あらすじを捉えやすいように，表にまとめさせる。 ・物語の中で大事な言葉や着目する表現についても確認する。
	4	**●モチモチの木は，豆太にとってどんな存在かについて考えましょう。** 交流	・モチモチの木は昼と夜では，豆太の捉え方が異なることを比較する。
	5	**●語り手は豆太のことをどのように思っているのでしょうか。** 交流	・登場人物以外の語り手の存在を捉えられるようにする。
	6	**●最後の場面で，豆太自身は変わったか，そうではないかについて考えましょう。** 交流	・物語では語られていない，豆太の考えについて想像し，根拠や理由を明らかにする。
三	7	**●学習を通して，自分の気に入った問いを選び，話し合ったことや自他の考えを作文にしましょう。** ・読みの交流が問いを考えるうえでどうかかわったかについて書く。 **●書いた作文を交換して読んでみましょう。** 交流 ・書いた作文を読み合う。	・毎時間の授業で，読み方を積み上げてきた過程をまとめる。 ・その問いが気に入った理由について詳しく述べることができるように構成メモなどを用意する。

本時の展開例（第6時）

本時の目標　豆太の考えについて、語られていない部分をじさまや語り手の言葉から想像する

T1では、学習する問いについて確認をします。個人の考えや交流の時間を十分に確保するためです。しかし、学習者に着目してほしい叙述や部分的な音読を工夫する必要が考えられます。

T2では、着目させたい叙述を確認します。ここでは、問いを考えるうえで、豆太の考えや気持ちが書かれている叙述を探します。前時で、「語り手」について押さえていることで、豆太としての考えは語られていないことを確認します。そして、問いを考える材料として、**「語り手」の語りやじさまの豆太に対する思い**から、叙述を基に問いについて考えていきます。ここでは、単に想像で考えを述べるのではなく、今まで問いで考えてきたことも取り入れて、考えていく必要があるでしょう。ここでは、学習者自身の「変わった」「変わっていない」に対して、叙述を基に自分が豆太について読み取ったことから考えさせます。

T3の交流の際は、友達の読み方をメモしたりして、考えの「違い」「似ている」部分を探しながら交流をすすめられるようにします。物語の全体を捉えられているかどうか、根拠から考えられる理由について、話し合うことで、より豆太の考えに迫る話し合いになると考えます。

T4は自らの読みの意味付けを促す働きかけです。最後に、友達との交流や全体共有を通して、再度自分の考えについて振り返り、豆太の思いや考えについてまとめていきます。

本時の流れ

	●主な発問〈問い〉　・学習活動	・留意点
T1	**●今日のめあてを確認する。** **最後の場面で，豆太自身は変わったのか，そうではないのかについて考えましょう。**	・物語の最初と最後，豆太がじさまをしょんべんに起こす部分を音読する。
T2	**●豆太自身の考えや気持ちが表れている部分に線を引きましょう。** C：語り手の言葉しかない。豆太の考えは書かれていない。 C：じさまが豆太について思っていることは書かれている。	・豆太の考えや心情が語られていないことを確認する。 ・語り手は，登場人物の気持ちや考えを表している場合があることを確認する。
T3	**●考えたこととその根拠を仲間と交流しましょう。** C：変わった。「表戸をからだでふっとばして」「なきなき走った」じさまのために勇気ある行動をした。 C：変わっていない。「じさまぁ。」と最初と最後でよんでいるから。5さいの学習者がたった1回で勇気のある子に変わらないから。	・仲間と交流して新たに見つけた根拠には色を変えて線を引かせる。 ・グループなどの少人数で交流後，全体でも共有する。 ・学習者の読みの内容だけでなく，着目した根拠を指摘する。 ・自分の読みがどこになるのかも考えさせる。
T4	**●自分の考えを振り返りましょう。** C：ちがう勇気が心に残った。 C：語り手やじさまの考えから，豆太について想像することができた。 C：交流を通して，今日の問いを解決することができた。	・交流を通して，自分の読みを整理し，毎回の授業で記述しておく。 ・最後の学習作文につなげられるように，読みの変化や考えについてまとめる。

教材研究を活かした単元計画と発問・交流プラン

2

絵本と教科書を読み比べてみよう

POINT
表現や描かれ方の違いについて考える

「教材研究の目1」で述べたように、絵本『モチモチの木』と教科書掲載の「モチモチの木」には違いがあります。もちろん、第三学年の学習者が、文体の違いや表現の効果について考えるような単元が適切かどうかは疑問が残ります。これはむしろ、高学年の学習者が取り組むような課題と言えるでしょう。テクストの違いは、第三学年の学習者にとっては、**自分のイメージする豆太や「モチモチの木」の物語世界を認識する機会**となります。端的に言えば、印象や感覚と向き合い、自分の好みを知ることになります。

一次では、絵本の読み聞かせを行います。絵本と読み手を囲み、**絵本『モチモチの木』の世界を味わいます。**学習者の手元には、絵本テクストの全文シートを配布します。教科書は教室で預かっておきます。

二次では、絵本テクストを基にした読み取りを行います。ここでは、上月（2018a）の実践で扱われた問いを用いて、絵本テクストの特徴にそった学習を展開します。

三次において教科書を開き、教科書掲載の「モチモチの木」を読みます。ここまで絵本テクストを読んできた学習者は、その差異をすぐに見つけます。それぞれのテクストに親しみながら、自分の好みを探っていくことになります。そこでは、友達がもつ自分と共通の印象、あるいは異なる印象がヒントになります。同じ作品でありながら、異なる印象と出会える貴重な機会となるでしょう。

単元計画

次	時	●主な発問〈問い〉　・学習活動	・留意点
一	1	**●絵本『モチモチの木』を読んで，思ったことや考えたこと不思議に思ったことを発表し合いましょう。**	・読み聞かせの形をとる。読んでいる最中もつぶやきを積極的に促し，協同的な読みの雰囲気をもつ。
二	2	**●お話をいくつかの場面に分けて，場面に名前をつけましょう。** 交流 ・場面の分け方と見出しについて，友達と説明し合う。	・学習者それぞれの読みに応じて場面を分けさせ，交流の中で知った友達の分け方や見出しから，再考するように促す。
	3	**●お話の中で一番気に入った豆太の姿を発表し合いましょう。** 交流 ・選んだ豆太の姿について，説明し合う。	・行動や様子，会話といった豆太の姿をある程度確認してから，自分の考えをもたせる。 ・挙げられた豆太の姿を板書に整理し，豆太の変化を捉えられるようにする。
	4	**●絵本『モチモチの木』の中で，一番重要な絵はどれか，発表し合いましょう。** 交流 ・選んだ絵について，友達と説明し合う。	・表情や色使いなど，絵だけに注目して選ぶのではなく，叙述を関連付けて考えることを確認する。
	5	**●「モチモチの木に　ひがついている！」のセリフだけ平仮名になっているのはなぜでしょうか。** 交流 ・問いについての考えをもつ。	・豆太の会話文が基本的にカタカナ表記であることを確認する。
三	6	**●教科書掲載「モチモチの木」を読み，絵本との違いを見つけましょう。**	・二次での読み取りを活かして，共通点や相違点を見つけるよう促す。
	7	**●見つけた違いは，読む人にとってどんな意味をもつか考えましょう。** 交流 ・どちらの「モチモチの木」が好きか，理由とともにまとめる。	・選んだ「モチモチの木」が気に入った理由について，それぞれを比べながらまとめさせる。

本時の展開例（第4時）

本時の目標　挿絵の印象に注目することで、場面の様子や人物の行動などを結び付けて考える

T1では、絵本の挿絵を確認します。学習者にとっては第1時の読み聞かせで見た以来となります。挿絵をB4サイズ程度に印刷して用意し、黒板上に並べていきます。学習者を指名しながら、一枚ずつどのような場面なのか説明させながら順番通りに並べていきます。この時点で、**対比的な挿絵や同一場面の挿絵を区別し、**話題にしておくことで、本時の問いに対する全員の意識を高めることができます。

T2では、問いを確認し、挿絵を選ばせます。挿絵を小さく印刷し学習者の手元で選べるようにすることで、**具体物を操作しながら考える**ことができます。ここでは、いくつか候補を出させながら、焦点化を図ります。ポイントは、絵そのものの印象ではなく、あくまでお話の内容との関連から選ぶという確認をすることです。学習者には重要な一枚と言える根拠を叙述から挙げさせ、その理由の説明を求めることになります。

T3の交流の際は、お互いの選んだ絵を見せ合いながら、選び方や理由付けに着目させます。どれが一番重要なのかを話し合いながら、観点によって選ばれる一枚が変わるという状況を目指したいところです。全体での共有化では、重要とした観点ごとに板書で整理していく。ある程度、選ばれた挿絵が限定されている場合は、その挿絵がもつ重要性をそれぞれまとめていくような整理も考えられます。

T4で学習者は、挿絵と叙述、その意味付けをノートやワークシートにまとめます。本時に生まれた挿絵に対する意味付けは、教科書掲載された挿絵、されなかった挿絵に対する意識を高めるものとなります。

本時の流れ

	●主な発問〈問い〉　・学習活動	・留意点
T1	**●物語に合わせて挿絵を並べましょう。** C：じさまに抱っこされている絵は，最初と最後，どっちもあったよね。 C：医者様をよびに行く豆太の絵が２つあるけど，順番がわからないな。	・絵本の挿絵と対応させながら，そこでの豆太の行動や出来事を板書しておく。
T2	**●本時の問いを確認する。** **絵本『モチモチの木』の中で，一番重要な絵はどれか，発表し合いましょう。** C：３つ選ぶとしたら，「ひがついたモチモチの木」は入れたいね。豆太の成長の結果だから。 C：豆太らしさで選ぶと，「抱っこされている豆太」も大事だね。	・学習集団の実態に応じて，３つ選んだ中から一番重要なものを考えるといった段階を設けてもよい。 ・絵そのものの好みを検討するのではなく，物語の内容との関連から選ぶことを確認する。
T3	**●選んだ挿絵とその理由をグループで発表し合いましょう。** C：最後の場面は，オチだから重要とは言えないと思う。やっぱり，「泣き泣き走る豆太」がこのお話の大事な場面だと思います。 **●全体で選んだ挿絵とその理由を発表し合い，一番重要な絵について検討する。**	・個々の発表に終始せず，友達の選び方や選んだ理由に注目して交流するように促す。 ・学習者の発表を受け，どのような観点から重要とするのか，板書で整理していく。一番重要な挿絵を決めるのではなく，話し合いの中でお話のテーマや特徴が話題になればよい。
T4	**●話し合いを基に，問いについて再考する。**	・交流を通して，自分の読みを整理するだけでなく，前時までの読みを振り返ることで，自分と向き合う機会にしたい。

小学4年

物語の教材研究
&授業づくり

教材研究の目

ファンタジー

①ファンタジーとして読む

文学には様々なジャンルが存在します。「白いぼうし」は女の子が消えたり、ちょうの声が聞こえたりと不思議なことが起こる広義の「ファンタジー作品」です。教室での学習を進めるうえで、「白いぼうし」が「ファンタジー作品」であることを共通確認することは、重要なことです。「白いぼうし」は『車のいろは空のいろ』（ポプラ社）に収録されている一連の作品の一つですが、その全てを「リアルな傾向の作品」とすることには無理があります。「白いぼうし」だけで判断し、「ファンタジー」ではないとしても、女の子が消えたことや、ちょうの声が聞こえたことについて、それは女の子の幻覚や幻聴、妄想だったという解釈をするしかなくなってしまうからです。初読の感想で最もよく挙がる「女の子はなぜ消えたのか」などの疑問から**「女の子の正体は何なのか」**という問いを設定したとします。ここで「リアルな傾向の作品」として読んでいる学習者は、かたくなに「現実的にあり得ない」と主張するような状況が生まれてしまいます。読みの交流は深まらず、話が平行線をたどることになるでしょう。

そのため、初めから「ファンタジー作品」であると確認し、「ファンタジー」として立ち上がってくる問いについて交流することで、学習者それぞれの解釈や考え方が深まっていきます。例えば、先述した**「女の子の正体は何か」**という問いです。こちらについては次項で詳しく述べますが、「白いぼうし」をファンタジーと認めることでしか「正体」という問いは機能しません。

②ファンタジー構造

また、「ファンタジー」では、「ふつう」と「ふしぎ」が区別され、現実と非現実を移り渡るには何らかの手続きが必要になるとされています。C・Sルイス『ナルニア国物語』で言えば衣装ダンスという通路を通るという手続きなどのことで、教科書教材でも「注文の多い料理店」の「風がどうと吹いてきて」の場面（所説あり）や「きつねの窓」での子ぎつねがつくる窓が不思議な世界との境界として作用していると考えられます。しかし、「白いぼうし」では、その手続きやふしぎな世界に入った場面、表現が曖昧です。宮川（２０１９）は「あまんきみこの作品では、「ふつう」と「ふしぎ」を切り替える手続きが明確には示されない。」（161頁）として、「それが、あまんの文学のすぐれた独自性といえる」（161頁）と述べています。このような「ファンタジー」の独自性について考えることも、学習者の読みを深めることに有効だと考えます。例えば、他の作品と比べることで「白いぼうし」の特徴や「ファンタジー作品」についての認識を深めることにつながるかもしれません。

さらに、**「現実の世界と不思議な世界の境目はどこか」**という問いについて考えることもできます。もちろんこの問いについて明確な答えはありません。物語の末文の「車の中には、まだかすかに、夏みかんのにおいが残っています。」に着目し、「夏みかんのにおい」を現実と非現実の境界とする学習者もいるでしょうし、女の子が現れていた場面のみを非現実とする学習者もいるでしょう。また、ファンタジーの入り口や出口について考えることで、「女の子の正体」についての認識が深まったり、「夏みかん」や「夏みかんのにおい」の機能への着目を促したりすることにもつながるでしょう。

「白いぼうし」が広義の「ファンタジー作品」であるという共通確認をすることで、様々な価値ある問いが立ち上がってきます。そしてそれらの問いが読みの可能性を広げ、豊かな読みの交流を生む契機となるのです。

教材研究の目 2 空所

①根拠を問う

松本（2015a）は「空所」の説明の中で「テクストには本来書かれてしかるべきことがらの中に、書かれていないことがあり、その間を読者が想像力を働かせて埋めつなぎ、一貫した意味を作り出さなければならない。」（73頁）と述べ、「そうした働きをするテクストの要因・箇所を〈空所〉という」（73頁）としています。つまり空所は、読者の想像力を引き起こしてテクストの本質への着目を促す機能を有すると言えます。

「白いぼうし」における最大の空所は「女の子の正体」でしょう。学習者の初発の感想には、「なぜ女の子は消えたのか」「女の子の正体が気になる」など「女の子の正体」に関する疑問や感想が多く挙がります。ここから、**「女の子の正体は何か」**などの問いを設定したり、初発の感想の時点で「女の子＝ちょう」と捉える感想を取り上げて**「女の子はちょうなのか」**という問いをつくったりして交流をする学習が想定されます。「女の子＝ちょう」の可能性に気付くことから「白いぼうし」の読みが深まっていく側面は確かにあります。しかし、「女の子の正体は何か」という問いだけでは、物語の本質への着目は促さない場合も多くあります。

その理由の一つとして、授業でこの問いを扱う場合に、読みの多様性が必ずしも保障されるとは限らないからです。「女の子の正体は何か」という解釈だけを求めてしまうと、「女の子＝ちょう」と捉えただけで満足してしまい、学びが広がらなくなってしまいます。もちろん、「女の子＝ちょう」である明確な叙述はないため、四年生の学習者が着想しやすい「松井さんの幻覚説」「幽霊説」「（窓などから）勝手に乗り込んできた説」などが、完全に否定されるわけではありません。しかし、どれも妥当性が乏しく、これらの説をとった場合、その後の読みに深まりが期待できません。

だからこそ、「女の子＝ちょう」という読みをしている学習者が多くなってきた段階で、**「女の子＝ちょうだとする最も強い根拠はどこか」**など、根拠を探すような問い返しをすることで、多様な考えが交流されることとなります。「女の子＝ちょう」ということが納得いかない学習者も、仮にそう考えた場合を考える機会にすることで、自分の解釈がいったん保留され、解釈を形成するための「読み方」の深まりや変容が促されることでしょう。「自分は松井さんの幻覚だと思うけど、女の子＝ちょうという可能性もある不思議な作品だ」などという認識をもつことができれば、「女の子＝ちょう」の可能性を前提とした、その後の問いの交流についても、自分の考えをもったり、深めたりすることができます。むしろ、そういったあいまいな捉えや、釈然としないが可能性は否定できないといった感覚は、ファンタジー作品に向き合ううえで大切になります。

②空所を考えるための問い

もう一つの理由は、小学四年生の実態にあります。中学年では、物語を俯瞰的に捉える学習者が見られ始めます。ただし大多数の学習者にとって「女の子の正体」を考えることから、その奥にあるテクストの本質について考えるような展開は要領を得ないものとなるでしょう。「女の子の正体」という空所を空所として機能させるためには、**「なぜ、作者は女の子をちょうに変身させるような物語にしたのか」「なぜ、ちょうのことばが松井さんだけに聞こえてきたのか」**などについて考える機会をつくることが必要です。

女の子＝ちょうという可能性が確認されることで、より深く意味を考えたり、物語の一貫性を考えたりすることにつながるのです。そういった意味で、「女の子の正体」という空所について考えることが、テクストの本質の着目を促す契機として働くと考えられます。

教材研究の目

登場人物の人物像と語り手 3

①松井さんをどう捉えるか

「女の子の正体」とともに、学習者の初発の感想で多く挙がるものが「松井さんは優しい」などの感想です。ここから、松井さんをいわゆる主人公と捉え、「白いぼうし」を「松井さんがちょうを助ける話」として読んでいる学習者が多いことがうかがえます。松井さんが物語の最初から最後まで一貫して登場していることや、語り手が松井さんの視点で松井さんに近い位置から語っていることによって、学習者も自然と松井さんに寄り添った形で読んでいくことになることが要因だと考えられます。また、「白いぼうし」が『車のいろは空のいろ』という一連の松井さんの物語の中に位置付けられている作品であるため、そのことを知っている教師や一部の学習者は、松井さん中心に読み進めていく傾向が高いこともあるでしょう。そのため、多くの教室で「松井さんの人物像を考える」といった学習の展開が見られます。

ただ、「松井さんはどのような人でしょう」などといった問いだけでは、交流が曖昧なものになってしまいます。設定段階での松井さんについて考えるのか、物語全体から考えられる松井さんについて考えるのかがわかりませんし、中には「松井さんの心がちょうに近づいたからちょうが声が聞こえた」などと、ちょうとの出会いによって変容した松井さんについて語る学習者もいるでしょう。どの時点での「松井さん」について考えるのか、はっきりわかる問いの表現が必要です。教師としては、物語全体から考えられる松井さんのいわゆる人物像を考えることで、自分なりの主題の捉えを深めたいところです。そこで、**「松井さんが優しかったから、ちょうの声が聞こえたのだろうか」「松井さんにちょうの声が聞こえたのはなぜか」**などの問いを立てることで、「夏みかんなど、自然の物を大切にできる人だから」など、自分の主題の捉えを深める発話を引き出すことを目指します。また、『車のいろは空の色』を読んでいる学習者の中には、松井さんが自然に溶け込んでいったり、成長していったりする物語の序章として「白いぼうし」を捉えるようになるかもしれません。

②描出表現を読む

一方で「白いぼうし」は誰の知覚なのかが曖昧な「描出表現」が多い作品でもあります。例えば「せかせかと言いました。」は、語り手と松井さんのどちらの知覚ともとることができますし、「やなぎのなみ木が、みるみる後ろに流れていきます」は松井さん、女の子、語り手のどの知覚としても成り立ちます。学習者の読み方によっては松井さんではなく、ちょうに寄り添って読むこともできますし、語り手の立場で読むこともできます。特に「女の子＝ちょう」の可能性を確認した後には、「ちょうが仲間のもとへ帰る話」などと、ちょうの視点で物語を捉え直す学習者が増えます。「白いぼうし」を松井さん中心の物語であると断定してしまうことは、読みの多様性を狭めるだけでなく、一人一人の読みを表面的なものにとどめてしまうことにつながるのです。

そこで、描出表現が誰の知覚なのかについて考えることで、その学習者が誰に寄り添って読んでいるのか（具体的には、松井さん・ちょう・語り手）が明確になってきます。ちょうや語り手の視点からも松井さんを捉えることで、より深みのある人物像が浮かび上がってきたり、自分の主題の捉え方に影響を与えたりすることが考えられます。また、自分が誰に寄り添って読んでいるかについて、普段は自覚することが難しいため、自分の読み方や自分の読み方以外の他者の読み方を知るうえでも、とても重要な学びの一つとなります。どの立場も認めつつ、どの表現に着目したのかなどと、互いの捉え方の違いについて交流することで、読みの多様性が広がったり、一人一人の読みが深まったりしていきます。

教材研究の目 4 象徴

①夏みかんと白いぼうし

文学を読む時、「白いぼうし」の「夏みかん」は小道具的なものであるが、何かの意味を帯びているに違いないと推測することがあります。抽象的な思想・概念・事物などを、具体的に理解しやすい形で表すこと、また、その表現に用いられたものなどを「象徴」といいます。「象徴」について考え、交流することで、学習者はより深い読みに至ることがあります。

例えば、「夏みかん」であれば、「季節感」だけでなく、「松井さんと「いなかの」」や「おふくろ」とのつながり」の象徴、おふくろの「自然豊かないなかを忘れないでほしい」という思いの詰まった「自然との親密性」の象徴などが考えられます。また、夏みかんそのものではなく「夏みかんのにおい」に先ほどと同じような象徴的な意味合いを見出すことも可能でしょう。

タイトルになっている「白いぼうし」にも象徴的な意味を見出すことができると考えられますが、こちらは先程より少し複雑です。それは、登場人物の立場によって「白いぼうし」の捉え方が異なるため、物語全体としての一貫した意味を見出しにくいからです。「たけのたけお」にとっては、捕まえた大切な「ちょう」を入れてある「宝箱」であり、「ちょう」にとっては自分を閉じ込める「牢獄」です。そして松井さんにとっては、「ちょう」を「夏みかん」に変える「手品の道具」であり、「人を驚かせ、楽しませるもの」とも言えるかもしれません。このような立場の違いにより捉え方が違う「白いぼうし」が、松井さんと「ちょう」との偶発的な出会いを生んだり、松井さんの人物像を引き立てたりと、物語の軸として存在しているのは面白いところです。

②象徴の問い方

しかし、四年生の学習者が「象徴」のような難しい概念を捉えることができるのでしょうか。寺島（2018）は「ごんぎつね」を教材とし、象徴表現に関する問いについて交流する学習を行うことで、四年生でも「多くの学習者が「象徴」について理解し、適切に象徴表現への意味づけができる」（19頁）としています。寺島は既習教材である「一つの花」を例として「象徴」について学ぶ時間を一時間とっていますので、「象徴」について学んだ後であれば、十分に「象徴」を理解し意味付けることができると考えられます。

また、問い方の工夫も必要になります。「ごんぎつね」寺島実践では「「けむり」は何を象徴しているのでしょう」という直接的な問いを立てていますが、「白いぼうし」であれば、**「なぜ「夏みかん」でなく、「白いぼうし」がタイトルなのか」**などという問いの方が、「象徴」という言葉に慣れていない学習者には有効かもしれません。ここでは、あくまで「象徴」について学ぶのではなく、「象徴」について考えることで物語全体の読みを深めることを目的としています。物語全体と関連付けながら考えていくことが大切でしょう。

いずれにしても、「夏みかん」や「夏みかんのにおい」について象徴的に捉えた後には、「いなかや自然を大切にしている松井さんだからこそ、ちょうの声を聞くことができたのではないか」「夏みかんのにおいが自然を表しているので、そのにおいが現実世界と不思議な世界をつないでいるのではないか」など、他の問いについての解釈を深める学習者も増えるでしょう。また、「白いぼうし」の重要な役割について考えることで「白いぼうしは松井さんのやさしさや面白さを引き立たせるものだからタイトルになった」「ちょうやぼうしによって閉じ込められたけど、ぼうしのおかげで松井さんに気付かせることができたから重要」などと、自分が読んでいる視点と結び付けながら、自分なりの物語の捉え方を深めていくことにもなるでしょう。このように「象徴」について考えることは、テクストの本質への着目を促すことにつながるのです。

教材研究を活かした単元計画と発問・交流プラン

1 読み方の違いを知って自分の考えを広げよう

POINT 読みの多様性を実感する

「白いぼうし」は、読み手の立場によって様々な読みが可能になる描出表現が多いだけでなく、だれに寄り添って読むかによって主題の捉え方も変わってくる作品です。そこで、単元を通して、様々な感じ方や読み方の違いがあることを実感し、学習者自身の感じ方や読み方を広げるという単元を計画することができます。

一次では、初読の感想とともにミニマル・ストーリー（「松井さんがちょうを助ける話」など、「○○が○○する話」という一文で物語を表したもの）を書き、自分や他の学習者の読み方を明らかにすることで、**様々な感じ方や読み方があることを実感**するとともに、**自分の考えを広げる**という単元の目標をもてるようにします。

二次では、第3時と第4時に物語の構造や語りにかかわる問いを設定し、**自分がどの立場から読んでいるかを明確にしたり、他の立場から読む可能性を考えたり**していきます。どちらの問いも多様性に開かれているため、根拠を明確にしながら話し合うことが大切です。単元の後半には、テクストの本質に迫る問いを設定し、これまでの交流で考えたことを基にして、**松井さんの人物像や自分の主題の捉え方**について考えられるようにします。

三次では、もう一度ミニマル・ストーリーを書くことで、自分の読み方が広がったことを実感できるようにします。

単元計画

次	時	●主な発問〈問い〉　・学習活動	・留意点
一	1	**●「白いぼうし」を読んで，初めの感想とミニマル・ストーリーを書きましょう。** ・初読の感想とミニマル・ストーリーを共有する。	・物語の読み方や感じ方の違いを確認し，それらに触れることで自分の考えを広げるという単元目標をもてるようにする。
	2	**●物語の設定（時・場・人物）を読み取りましょう。**	・初読の感想の疑問などを取り上げながら，設定について確認していく。
二	3	**●この物語のファンタジーの部分は，どこからどこまでか考えましょう。** 交流 ・問いについて交流する。	・どのような答えでも，叙述を基に理由を述べることを大切にする。
	4	**●「やなぎのなみ木が，みるみる後ろに流れていきます」は誰が見た風景だと感じますか。** 交流 ・問いについて交流する。	・具体的に「松井さん」「ちょう」「語り手」という選択肢を示し，考えやすくする。
	5	**●女の子の正体とその理由について，叙述を基に考えましょう。** 交流 ・叙述を基に読み取る。	・様々な根拠（叙述）を出し合うことで，「女の子＝ちょう」の可能性が高いことを確認する。
	6	**●松井さんに「よかったね。」「よかったよ。」という小さな声が聞こえた理由を考えましょう。** 交流 ・問いについて交流する。	・松井さんの行動だけでなく，人物像に迫ったり，ちょうの視点で考えたりすることができるようにする。
三	7	**●ミニマル・ストーリーを書いて，伝え合いましょう。** 交流 ・始めと変わった部分などについての考えをまとめる。 ・終わりのミニマル・ストーリーを書いて，交流する。	・様々な物語の読み方や感じ方に触れることで，自分の考えを広げるという目標に基づいて，単元を振り返りながらミニマル・ストーリーを書けるようにする。
	8	**●始めと終わりのミニマル・ストーリーを比べ，感想を書きましょう。**	・自分の読み方や感じ方の変化を実感できるようにする。

本時の展開例（第6時）

本時の目標　松井さんの人物像を捉えよう

T1では、中心人物である松井さんの行動や、そこから考えられる人物像を発表し合う機会をつくり、板書に整理しておきます。そうすることで、T2の交流において、松井さんの人物像を根拠として考える学習者の姿を引き出すことにつながります。また、学習後に松井さんの人物像の捉えが変わったり深まったりしたことを実感することができるという効果も期待できます。

T2では、「よかったね。」と聞こえた理由を考えます。これまでの「ファンタジー構造」や「女の子の正体」についての交流内容などと関連付けて考えるよう声をかけることで、**ちょうと松井さんの両方の立場から考えたり、様々なテクストを根拠にしたり**する考えが出るようにします。

T3の交流では、「ちょうがお礼を伝えた」などのちょうが意図的に伝えたとする考えと、「松井さんが自然の心に近づいたから」などの自然に聞こえたとする考えに分かれることが予想されます。教師はその違いを板書などで整理し、どちらの考えにしても、**松井さんの人物像の捉えが深まったり、物語から感じられる主題の捉えが深まったりするよう、根拠や理由を問い返し**ながら互いの考えを整理していくことが大切です。

T4では学習を振り返り、自分の考えをまとめます。この際、「なぜ聞こえたのか」という解釈よりも、なぜ自分がそう考えたのかという根拠や理由などについてしっかりと記述できるよう伝えることが重要になります。そうすることで、**学習者の読み方が深まり、テクストの本質に着目できるように**なっていきます。

本時の流れ

	●主な発問〈問い〉・学習活動	・留意点
T1	**●松井さんはどんな人物ですか。** C：タクシー運転手 C：ちょうを助けた優しい人 C：ちょうを助けたのは偶然じゃない？ C：子供っぽいところはある。	・松井さんの人物像について感じ方の違いを確認し，板書に整理しておくことで，T2以降の考えの根拠とすることができるようにする。
T2	**●松井さんに「よかったね。」「よかったよ。」という小さな声が聞こえた理由は何でしょう。個人で考えましょう。** C：松井さんがちょうを助けたから，ちょうがお礼を伝えたかったから。 C：まだ夏みかんのにおいが残っていて，不思議な世界にいるからかな。	・第３時で「ファンタジーの入り口」について考えたことや，第４時や第５時で出された女の子の心情についての意見なども参考に，様々な観点から考えられるよう声をかける。
T3	**●考えたこととその根拠を班で交流し，全体で伝え合いましょう。** C：僕はお礼だと思うよ。 C：でも助けたのは偶然だから，お礼はおかしいんじゃない？ C：偶然でも嬉しかったから松井さんには声を伝えたかったんじゃないかな。 C：松井さんはいなかを大切にしてるから，自然も大切にできる人で，そういう人には声が聞こえるんじゃないかな。 C：じゃあやっぱり夏みかんがちょうと松井さんをつなげたってこともあるかも。	・ちょうが意図的に聞かせたという立場と，自然に聞こえてきたという立場を明確に分け，その根拠を伝え合うことで，松井さんの人物像や物語から感じる自分なりの主題に迫ることができるようにする。
T4	**●交流を振り返り，自分の考えをノートにまとめましょう。** C：始めはお礼だと思ったけど，松井さんの心が自然に近づいたから聞こえたという考えもあるかもと思った。 C：ちょうはタクシーに乗せてもらったことのお礼は，やっぱりしたかったんじゃないかな。	・どのような答えであっても，根拠や理由を明確に書くことは大切にする。 ・考えがまとまらない場合は，二つの考えを書いてもよいとすることで，多様な感じ方や読み方ができるようにする。

2 教材研究を活かした単元計画と発問・交流プラン

〈問い〉をつくり、交流しよう

〈問い〉をつくりながら読む意識を高める

「白いぼうし」の最大の空所は、「女の子の正体」であることから、学習者の初読の感想には「女の子の正体は何か」「女の子はなぜ消えたのか」などが多く書かれます。また、「白いぼうし」が境界の曖昧なファンタジーであることから「『よかったね。』『よかったよ。』は誰の声か」「小さな声はなぜ聞こえたのか」などの感想が挙がることも多くあります。このように、初読の感想や疑問がある程度予想でき、それが**価値ある問いにつながると見通し**をもつことができる時には、**学習者のつくる問いを中心に学習計画**を立てることも大切です。そうすることで、自分たちで**問いをつくりながら読むという意識を高める**ことができます。

次の単元計画のように、象徴などについての問いは学習者から挙がらない場合も多いので、後半に教師からの問いとして設定することで、学習者にはなかった観点も与えることができます。もちろん、学習者の問いで十分学びが深まるのであれば無理に入れる必要はありません。また、第6時で自分の問いについて語る場を設けることで、**物語を読む主体が自分**であることをより意識することができるでしょう。さらに、第7時で作品の魅力を一番引き出す問いを考えることで、「空所」「象徴」「主題」等に対する自分の理解を深めるとともに、**価値ある問いに対する認識も高める**ことができるため、今後の読書活動や物語を読む学習を主体的に進めることにもつながります。

単元計画

次	時	●主な発問〈問い〉　・学習活動	・留意点
一	1	**●「白いぼうし」を読んで，初めの感想とみんなで話し合いたいことを書き，班で交流しましょう。** ・初読の感想を書いて班で共有する。	・感じたことを自由に書くよう声をかける。 ・次時に向けて，学習者の感想を把握しておき，問いをある程度想定しておく。
	2	**●感想を発表し合い，問いをつくりましょう。** ・物語の設定（時・場・人物）を読み取る。 ・疑問や話し合いたいことから問いをつくる。	・設定についての疑問を取り上げながら，板書等で「時・場・人物」等を確認していく。 ・交流する価値のある問いを中心に決定する。
二	3	**●女の子の正体とその理由について，叙述を基に考えましょう。** 交流 ・叙述を基に読み取る。	・「白いぼうし」を読んでいくうえで要となる「女の子の正体」については，始めのうちに計画に入れる。
	4	**●なぜ松井さんに「よかったね。」「よかったよ。」という小さな声が聞こえたのかを考えましょう。** 交流 ・問いについて交流する。	・「よかったね」の場面に関連する問いを整理し，教師と学習者で問いの形を整えて交流をする。
	5	**●なぜ「夏みかん」ではなく，「白いぼうし」がタイトルなのか考えましょう。** 交流 ・問いについて交流する。	・第５時は，これまでの学習を参考に，教師が考えさせたい問いを考える時間にする。
	6	**●自分の問いについて班で交流しましょう。** 交流 ・問いについて交流する。	・授業で扱えなかった問いや新たに生まれた問い，もう一度考えたい問いについて話題にする。
三	7	**●「白いぼうし」の魅力を一番引き出す問いは何かを考え，発表しましょう。** 交流	・根拠や理由を示しながら，自分の考えを表現できるようにする。
	8	**●終わりの感想を書きましょう。**	・問いや初読の感想を関連付けて書くようにする。

本時の展開例（第2時）

本時の目標 物語の設定を確認するとともに、〈問い〉をつくり学習の見通しをもつ

T1では、初読の感想を発表する時間です。感じたことや疑問などを自由に伝え合うことで、それぞれの読み方や感じ方の違いに気付き、「白いぼうし」をこれから読み深めていきたいという思いを高められるようにします。教師は感想や気付きを物語の流れにそってまとめたり、内容ごとに疑問を整理したりして、次の**T2**の学習につながるようにしていきます。

T2では、**T1**の発表を基にして物語の設定を確認していきます。どんな登場人物がいるか、主な人物である松井さんはどんな人（設定）なのか、どのような場面展開があるかなどについて確認し、設定についての疑問や読めばすぐにわかるような疑問については解決をしておきます。

T3では、次時以降に学級で話し合う**「学習課題」としての問い**を決めます。その際、**「いろいろな考えが出る」「物語の魅力に迫ることができる」のような視点**を提示すると、学習者がつくる問いが価値あるものに近づいていきます。また、「女の子の正体」など多くの学習者から出ている疑問や、「「よかったね。」とはどんな意味か」など多様な考えが出ている部分などへの着目を促すことも有効です。単元の時数によって全体で扱う問いの数を決め、その他はそれぞれが自分の問いとして話す時間をまとめて設定します。

T4で問いをつくったことについて振り返ることで、単元の学習の見通しをもつと同時に、**問いをもったりつくったりすることへの意識**を高めていきます。

本時の流れ

	●主な発問〈問い〉 ・学習活動	・留意点
T1	**●初読の感想を発表しましょう。** C：とっても不思議な話だった。 C：松井さんが優しい人だと思った。 C：女の子が消えたのが不思議。 C：何が「よかったね。」なのかな。	・学習者が思ったことや疑問などを自由に発表し，教師が板書に整理することで，話の流れや読み方の違いを確認できるようにする。
T2	**●わかったこと（物語の設定など）を確認しましょう。** C：６月のはじめの話だね。 C：「ほりばた」から「菜の花橋」まで松井さんがタクシーで移動したんだね。 C：菜の花橋と菜の花横町は同じだね。 C：登場人物は松井さんと女の子とたけのたけおだけかな。 C：「よかったね。」と言ったのがちょうなら，ちょうも登場人物かな。	・学習者が感想を十分出し切った段階で，物語の設定を押さえていく。 ・設定についての疑問など（例：なぜ松井さんはタクシー運転手なのか）や読めばすぐに解決しそうな疑問（例：菜の花横町と菜の花橋は同じか）はこの段階で考え，解決をしておく。
T3	**●みんなで話し合うといろいろな考えが出て，物語の魅力にせまることができる問いを決めましょう。** C：女の子の正体はみんな気になっているみたいだし，一番不思議だから，この問いがいいと思う。 C：「よかったね。」のところはいろいろな考えが出たから，しっかり時間を取って話したい。	・多くの学習者から出ている疑問（例：女の子の正体）や，読み方が分かれた部分（例：「よかったね。」の意味）についても整理する。 ・単元の時数によって中心の問いの数を決め，残りの問いは単元の前半または後半にまとめて扱う。
T4	**●学習を振り返りましょう。** C：僕は女の子はちょうだと思う。みんなの考えを聞くのが楽しみだ。 C：自分たちで決めた問いだから，みんなでたくさん出し合いたい。 C：松井さんが夏みかんを入れた理由がまだわからなかったから，自分の問いを考える時に考えたい。	・問いについての考えを書くことで，学習の見通しをもつことができるようにする。 ・問いをつくる過程を振り返ることで，問いをつくる意識を高められるようにする。 ・学習者の思いや考えを把握し，今後の学習に活かす。

教材研究の目

作品の構造 1

①対照性

「一つの花」は一貫して対照性をもった作品構造であることが特徴です。一場面では、「戦争のはげしかったころのことです」とあることから戦時中における厳しい食糧難が強いられている状況が読み取れます。次の二場面では、父が戦争へ出征する日が描かれています。戦争により体の弱い父までも徴兵される厳しい状況であることがわかります。最後に三場面では、父の出征より十年経った様子が描かれています。戦争は終わり、穏やかに暮らしている様子がわかります。多くの教科書では三場面構成として扱われていますが、大きく分けると戦中と戦後は対照的であることがわかります。この他にも、次のような表現があります。

一・二場面（戦中）	三場面（戦後）
○ゆみ子「一つだけ」	○「一つだけ」と言っていない
○戦争が激しかったころ	○戦争が終わっている
○敵の飛行機、爆弾の音	○ミシンの音（お母さん）
○食べる物が制限されている（配給）	○食べる物が自由に選べる（肉やお魚）
○お父さんがいる	○お父さんがいない
○ゆみ子が小さい	○小さなお母さん（成長したゆみ子）
○「一つだけ」が使われている。（ゆみ子が与えられる側）	○「一つだけ」がなくなった（ゆみ子が与える側）
○一輪のコスモスの花	○たくさんのコスモスの花

教材文：『国語四上　かがやき』光村図書（令和二年度版）より引用

このようにして見てみると、「一つの花」の一・二場面と三場面は、情景の変化を軸に描かれた作品と捉えることができます。言い換えると、登場人物の心情の変化を軸に描かれていないとも言えます。授業では、作品構造を対照的に捉えることでより物語の主題に迫ることができます。

②「花」の対照性

他にも対照的な表現がありますが、今回は物語の象徴でもある「花」を取り上げたいと思います。物語の中で「花」が出てくるのは二場面と三場面です。

二場面の「忘れられたように」咲いていたコスモスの花は、誰から忘れられていたのでしょうか。ここでは、人々が戦争に出征する際に「美しいもの」に目を向けることなく万歳をして送り出す様子が描かれています。このことから、「プラットホームのはしっぽ」「ゴミすて場のような所」「わすれられたように」咲いていた一つの花は、誰一人として見送りのないゆみ子の家族と重ねて読むことができます。

三場面では、一つの花であったコスモスに対して、いっぱいの花に咲き誇る情景が描かれています。戦中における食糧不足、父親の出征という悲惨な状況の中にあっても、ゆみ子と母が強く生き抜いてきたことが読み取れます。そして、「小さなお母さん」になったゆみ子が穏やかに暮らしている状況が物語の結論となっていますが、そこには父の存在はなく一面のコスモスの花に限りない悲しみが埋め込まれています。

対照的な場面構造から生まれる問いを活かした授業をするならば、**「父が出征してから十年後の様子が描かれた場面があることでどのような意図が感じられるか」**や**「ゆみ子は一・二場面と三場面のどちらが幸せ？」**と学習者に問うとより自分事として考えるきっかけになります。学習者と作品の構造から見えてきた問いを基に読みの交流として働きかける契機としていきたいところです。

教材研究の目

語りの構造

2

①誰に寄り添うか

「一つの花」は、戦時中を時代背景として一つの家族の様相を儚く描いている作品です。登場人物は、ゆみ子、父、母であり、それぞれの会話や行動を中心に客観的な視点で描かれているので三人称客観視点の語りであることがわかります。語り手はそれぞれの登場人物に対し一定の距離をとっており、人物の心情に焦点を当てず、あくまでも行動に限定して述べています。このような物語を読む際、想定される作者がどの人物の心情に一番寄り添って語っているのかを意識することで、より深く作品を読むことになります。よって、登場人物の心情を直接問わなくても、語り手による人物の行動における叙述から心情に迫ることができます。

では、「一つの花」では、どの人物の視点から読み解くことが可能なのでしょうか。一見すると、この物語はゆみ子が中心であると思われますが、ゆみ子の心情がわかる行動の叙述はほとんど描かれていません。また、ゆみ子の母においても同様に心情を読み解ける描写は極めて少ないため、心情を中心に読み解いていくことは難しいと言えます。これについて、丹藤（2022）は、このような語りの構造を持ち合わせる「一つの花」を教材として扱う際に、父親を視点人物として読むことを推奨しています。確かに「一つの花」は多声的な作品としてではなく、全体を通して父親の視点であると言えます。しかし、宮川（1996）は「一つの花」は大人の読者（教師）と子ども読者（学習者）は、読みがすれ違ってしまう可能性があると指摘しています。

つまり、作品世界の背景と読者の生活との距離があまりにも大きく、父親の気持ちを学習者が理解することは難しく感じてしまうのです。このテクスト独自の語りの構造であり、そうである以上、登場人物の視点から心情を読み解くことは難しいといえます。

例えば、「父がゆみ子に一つの花を渡した時の気持ち」を考えていく際、根拠となる父親の心情は叙述から読み取ることはできません。「幼いゆみ子に精一杯の愛情をこめて花を渡した」という読みになってしまいがちです。しかし、それは父の行動の理由にとどまる読みであり、教室での読みの学習として「一つの花」を十分に活かしたことにはなりません。「父親が一輪のコスモスの花」を渡したという象徴的な表現を読み取ることが重要です。それを可能にするためには、教師が語りの構造を把握していることが不可欠なのです。

②語られない人物からの読み

関口（２００４）は、作者の今西祐行の次のような言葉を紹介しています（114頁）。

> 作曲家が五線紙に記入して創造した音楽が、すぐれた演奏家によって演じられたときはじめて完成するように、文学作品も、すぐれた読み手の中においてはじめて完成する。

今西の作品には、読み手がテクストと向き合い物語に参画するという特性があるのです。読者は自然と問いをもち、語り手の叙述から「この時、○○はどんな気持ちだったのだろう」と読み進めます。今西祐行には、その問いを読者の側から意味付けさせたいという願いがあるのではないでしょうか。学習者の読みの交流を通して、「一つの花」の意味を深めていく中で登場人物に寄り添った読みを展開できます。

教室ではそのような自然な読者の反応を単に用いるのではなく、活かし、語りの特徴に着目させることになります。「一つの花」は語り手の視点から直接的に人物の心情を読み取るのではなく、語られない人物の状況や心情を補填していく読みの学習が必要です。

教材研究の目 人物設定 3

①「お母さん」の人物像

「一つの花」の登場人物は、ゆみ子とお父さん、お母さんの三人です。「教材研究の目2」で述べたように中心となる視点はなく、行動や様子が客観的に描写されているため、人物の心情が読み取りにくいという特徴があります。村上（２００１）は、「一つの花」の語り手が父親の視点に偏っていることを言及したうえで、「父が登場しない後段＝〈戦後〉においても、父親と重なる語り手の視点は転換されることなく、ゆみ子＝子どもやお母さん＝女性の視点からの〝声〟は聞こえてくることはないといえるでしょう。」（35頁）と指摘しています。また、坂本（２０１４）は、「夫が戦地に行く日に、大事なお米で作ったおにぎりを、母親はゆみ子に謂われるがまま全部あげてしまう、語り手はただ「お母さんは、戦争に行くお父さんに、ゆみ子の泣き顔を見せたくなかったのでしょうか。」とまるで傍観者のように語る。」（160頁）と述べています。

では、「一つの花」をお母さんの物語として捉えると、どのような読みができるのでしょうか。確かに、お母さんの描写は非常に少ないと言えます。しかし、最後の場面では、とんとんぶきの家でミシンの音を奏でながらつつましく生きる母親が描かれています。そこには心情の描写はないものの、語り手では語れない母親の思い、願いがあるのではないでしょうか。お父さんから受け渡された「一つの花」が「たくさんのコスモスの花」として表されているのは、お父さんから思いを託されたお母さんの存在があったからです。

お母さんは食べ物が十分に手に入らない時代にも、ゆみ子へ「じゃあね、一つだけよ。」と言って自分の分を分け与えていました。そして、先が見えない状況にあっても精一杯の愛情を注いであげる母親の健気な姿で描かれています。お父さんが出征する際にも、辛い中でも笑顔で送り出そうとする強さが見えます。ゆみ子の泣き顔を見せないようにと、父を送り届ける前に、ゆみ子に全部のおにぎりを食べさせていたり、一生懸命あやしたりする様子に、ゆみ子だけでなくお父さんへの愛情も伝わってくるでしょう。

②コスモスの花

お父さんが戦地へ旅立つ際、「一つだけちょうだい」と泣くゆみ子に「ゆみ。さあ、一つだけあげよう。一つだけのお花、大事にするんだよう――。」と最後に渡したのは一輪のコスモスの花でした。空所を含む形で、最後の場面では、ゆみ子とお母さんが暮らす家を包み込むほどのコスモスの花が描かれます。このコスモスは、ゆみ子とお母さんをどこかで見守っているお父さんの変わらない愛情とも受け取れます。それを受け取ったのはゆみ子ですが、お母さんでもあることを読み手として想像を広げることもできます。黒古（2001）は、終末部から、戦後のゆみ子とお母さんの状況について、次のように述べています（17頁）。

> ここでゆみ子の家庭が、父親の出征に際していかなる親戚も駅頭まで見送りに来ないような環境にあったと設定されていることを想起することも無駄ではないだろう。その家族が戦後「母子家庭」となった。常識的には「貧しい」はずである。

「ミシンの音」は、家計を支えるお母さんの内職でしょう。ゆみ子は「小さなお母さん」となるまで大きく成長しています。そこには、父親から母親へ、そしてゆみ子へと託された愛情があったことを、コスモスの花を見る度に思い出したいものです（黒古は、「お母さん、お肉とお魚と、どっちがいいの。」は、余りにも現実からかけ離れているとしていますが、作品の執筆は昭和27年で、作者の希望が反映されているものです）。

教材研究の目

4 象徴的な表現

①空所の補填

この教材は、家族関係に歴史的背景を踏まえた「戦争」と「平和」という主題性が加わった物語教材です。実際に戦争教材および平和教材として授業で取り扱うことが主となっており、国語科と総合を関連学習として戦時中の時代背景や戦争の悲惨さを調べる学習がよく見られます。そのような学習の傾向として、「一つの花」を文学テクストがもつ虚構性の中ではなく、リアリズムの中で捉えようとしていることが挙げられます。しかし、「一つの花」のリアリティを巡っては、その不安定さや矛盾を指摘する意見もあります（黒古、２００１）。

丹藤（２０１８）は、物語方法〈ナラティヴ・メソッド〉から「一つの花」を分析し、「一つ」の意味には象徴性があると主張しています。また、関口（２００４）は、「今西作品の教材化に際しては、読み手（学習者）がテクストの空所を充填し、未決定にとどめているもののかたちを与えるのだという〈読み〉の理論を理解しなくてはならない。」（225頁）と述べています。「一つの花」を虚構性の中で捉えずに学習した場合、そこには違和感が生じるということになります。空所を契機として、読み手（学習者）がテクストを意味付けるような学習が求められるのではないでしょうか。

②「一つ」の象徴性

題名である「一つの花」に着目し、本教材の象徴的な表現を読むことについて考えていきたいと思います。本テクストでは、何度も「一つだけ」という言葉が用いられますが、題名は「一つだけの花」ではなく、「一つの花」となっています。

題名「一つの花」にある「一つ」と「一つだけ」にはどのような違いがあるのでしょうか。藤原（2010）は、作品の前半で使われている「一つだけ」は「一つだけのおいも、一つだけのにぎりめし、一つだけのかぼちゃのにつけ」など、食べてしまえば無くなってしまう消費する物として象徴されていると述べています。父の「みんな一つだけ。一つだけのよろこびさ」からも、ゆみ子を物質的なもので十分に満足させることができない父の心境が読み取れます。続けて、「よろこびなんて、一つだってもらえないかもしれないんだね。いったい、大きくなって、どんな子に育つだろう。」と愛する娘を不憫に思う父の心情が描かれています。その後「そんなとき、お父さんは、きまってゆみ子をめちゃくちゃに高い高いするのでした。」から、行き先の見えない不安を押さえきれない気持ちをなんとか抑えようとしている父の心情が読み取ることができます。

お父さんが見つけてきた花をゆみ子に渡す時も「一つだけのお花、大事にするんだよう——」と表されています。しかし、その直後の叙述ではお父さんが汽車に乗っていく時に「ゆみ子のにぎっている、一つの花を見つめながら」という表現に変わります。作品中において「一つの花」が使われているのはここだけです。「よろこびなんて、一つだってもらえない」と願いにも近い嘆きを残した父の「一つ」の言葉と、汽車から見つめる「一つ」の花とが結び付きます。「一つ」というものを、消費する物としての意識から、「命あるもの、新しく命を生み出すもの」としての意識へ変化しています。「一つの花」という題名には、一つだけではなく、限りある一つしかない命を精一杯生き抜いてほしい父の「思い」が込められていると感じます。

この家族から父親を奪い取る悲惨な戦争においても、ゆみ子に対する愛情、太く生きていく力が底流に流れていることから、人間は命ある限り生き抜いていくことを訴えていると感じます。そして、その結果がコスモスの花によって彩られ象徴されていると読み取れるでしょう。最後の場面では、一面に広がったコスモスの花は、ゆみ子と母へ託された平和への願いを象徴しているようです。

教材研究を活かした単元計画と発問・交流プラン

1 「比較」から空所へ「一つの花」の象徴性に迫る読み

POINT

比べて気付いたことを交流する

「一つの花」では、それぞれの場面を断片的な部分ごとに読み取るのではなく、**物語全体の一貫性を見出していく**ことが読み解くためのポイントです。この作品では登場人物の心情がほとんど描かれておりません。そのため、直接的に心情を読むのではなく、戦中と戦後の場面を比べることを手掛かりに、物語の空所である「一つの花」に迫っていくと物語の姿が見えてきます。

二次では、**戦中と戦後の場面を比べる**ことを通して物語の大きな変化を捉えます。何が変わったのか、どこで変わったのかを中心に交流が軸となるための問いを決定します。これを、場面間のつながりを考えるきっかけとしていきます。学習者は、物語において重大な空所である「お父さんが一つの花を見つめていたのはなぜか」に気付くことが予想できます。お父さんの願いが込められた「一つの花」がお母さんとゆみ子に託され、コスモスの花でいっぱいに包まれ大きく成長したゆみ子の姿をどう関連付けていくかが、**重層的な読み**を実現するポイントになります。

三次では、学習してきた中で強く心に残った場面や言葉などを紹介する活動につなげたり、今西祐行著作の物語を多読する読書活動を行ったりすると、学習者の考えの形成において効果的です。

単元計画

次	時	●主な発問〈問い〉　・学習活動	・留意点
一	1	**●「一つの花」を読んでみて，知らなかった言葉の意味を調べましょう。** ・これまでに読んだ戦争にかかわる本について発表し合う。	・ICT 機器や辞典を用いて，単語の意味や時代背景を調べる。 ・既習教材である「ちいちゃんのかげおくり」や戦争にかかわる物語を提示して，読書のきっかけをつくる。
	2	**●物語の場面を分けましょう。**	・戦中（一・二場面）と戦後（三場面）で大きく分かれていることを押さえる。
二	3	**●戦中と戦後の場面で大きく変わったことはありますか。** 交流 ・人物や場面の様子，時間といった観点に分けながら，変化をまとめていく。	・整理した変化から，今後の学習の軸となる問いを立てる。
	4	**●ゆみ子が「小さなお母さん」になるまでに成長できたのはなぜでしょうか。** 交流 ・叙述を基に，ゆみ子の成長を想像する。	・オープンエンドな問いであるため，ある程度の解釈の幅を想定し，文脈や時代背景から妥当性を検討する。 ・ゆみ子へのお父さんとお母さんの思いを考える。
	5	**●いっぱいのコスモスの花は何を表すのでしょうか。** 交流	・お父さんの「一つの花」に込めた思いを考える。
	6	**●「一つの花」のサブタイトルを考えましょう。** 交流	・作品に込められた「一つ」の意味を考える。
三	7	**●物語の中で強く心に残った場面や言葉などを紹介する。** 交流	・二次までの読みを活かして，場面や言葉を選んだ理由を説明するように促す。 ・紹介文を読み合う。

本時の展開例（第4時）

本時の目標　物語の大きな変化を捉え、「一つの花」に込められた思いを考える

　まず、前時の学習で戦中と戦後の場面の大きな変化として、「一つだけちょうだい」を言わず「小さなお母さん」になるまで成長したことを確認します。T1では、**「十年後、ゆみ子はどんな子どもに成長しましたか」**と問いかけます。

　そこから、T2で**「どうしてゆみ子は「小さなお母さん」になるまで成長できたのでしょうか」**と問うことで、「お父さんの思いが伝わったから」という意見が出てくることが想定されますので、それぞれどのような思いであったのか、説明を促します。

　T3ではさらに、**「本当にお父さんの思いはゆみ子に伝わったのでしょうか」**とゆさぶりをかけます。ゆみ子はまだ幼いうえに、覚えた言葉は「一つだけ」であることや、十年後のゆみ子はお父さんを覚えていないかもしれないことなど、叙述を基に話し合います。そうした読みの交流から、「お母さん」の存在に気付く学習者が現れます。きちんと叙述を基に根拠を示しながら話し合えているかがポイントです。

　そして、T4では**「お母さんはどんな役割をしていますか」**と読みを深める問いを提示します。最も大きな空所に対して迫る発問です。そうすることによって、ゆみ子やお母さんではなく「一つの花」を見つめたお父さんの思いを受け取り、ゆみ子を大きく成長させた母の役割があって成り立っていることを捉えていくことが期待できます。このようにして、物語の最大の空所であるお父さんの行動に迫る読みを展開します。

本時の流れ

	●主な発問〈問い〉　・学習活動	・留意点
T1	**●ゆみ子はどんな風に成長しましたか。** C：小さなお母さんになった。 C：幼い時は「一つだけ」しか話せなかったけど，会話ができるようになった。	・前時の学習を振り返り，ゆみ子の変化に着目する。 ・叙述に基づいて，ゆみ子の変容を確認する。
T2	**●どうしてゆみ子はそんな風に成長したのでしょうか。考えたこととその根拠を友達と交流しましょう。** C：戦争から逃げて助かることができたから。 C：お父さんの「一つの花」に込められた思いを受け取ったから。	・グループなどの少人数で交流後，全体でも共有する。
T3	**●本当にお父さんの思いがゆみ子に伝わったのでしょうか。** C：ゆみ子が覚えていた言葉は「一つだけ」だし，十年後は「お父さんの顔もおぼえていないかも」と書いてあるから…。 C：誰が「一つの花」を見つめていたのだろう…。	・ゆさぶりをかけることで，叙述の根拠から考えるように促す。 ・学習者の読みの内容だけでなく，着目した根拠を指摘する。
T4	**●お父さんが一つの花を見つめて行ってしまったことを誰が見ていたのでしょうか。** C：お母さんが見つめていた。 C：お父さんの思いを受け取って，ゆみ子を育ててきた。 C：一つの花に込められた思いはお父さんからゆみ子だけでなくお母さんにも託されている。	・物語の中で強く心に残った場面や言葉などを紹介する次時の学習につなげるようにする。

教材研究を活かした単元計画と発問・交流プラン

2

登場人物の日記を書こう

POINT 自分事として読みを形成する

「一つの花」の作中には、「教材研究の目」で述べたような空所があります。それは、読者の想像力によって補填を待つ箇所でもあり、読者の読みに委ねられているということでもあります。ほとんど人物の心情が描かれていない作品であるからこそ、「一つの花」は読者の参与が期待できる教材であると言えます。

特に、戦中と戦後の場面においては**「十年後」という時間的な空所**があり、語り手は「あのお母さんでしょうか」と読者に問いかけている表現から読者への価値付けを迫るような口調になっています。

本単元では、登場人物の行動や様子のイメージ化を図るために**お父さんやお母さんの視点**からゆみ子を見た**「子育て日記」**を表現活動の中核として位置付けています。最後は、「子育て日記」を見せてもらったゆみ子の視点から手紙を書くことで、両親への思いを受けて「小さなお母さん」と成長したことを考えることができます。これまでの読みを自分事として捉える契機となり、**ゆみ子の視点**から両親への思いを描くことで深い読みを形成することができます。

このようにして、「一つの花」の作品世界を自分事として捉えながら多様な反応を促す活動を設定する必要があります。戦争時代を生き抜き成長してきたゆみ子、そして両親の思いを表現していく主体的な学習を目指していくことが望まれます。

単元計画

次	時	●主な発問〈問い〉　・学習活動	・留意点
一	1	**●お話を読んで感じたことを話し合いましょう。** ・読み聞かせをした後，初発の感想を基に今後の学習課題を設定する。	・「小さなお母さん」になるまでのゆみ子を見守ってきたお母さんとお父さんのどちらかの立場に立って日記を書くことを知らせる。
	2	**●「子育て日記」を書く場面を決めましょう。** ・場面を三つに分け，作品の概要を把握する。	・場面を分けると同時に，日記を書く場面も設定する。
二	3	**●戦時中，ゆみ子たちはどんなくらしをしていたのでしょうか。** 交流 ・戦時中の状況を読み取った後，お父さんかお母さんの視点からゆみ子への日記を書く。	・戦時中の食糧難や自由に決定する権利がなかったことを，補足として情報提供する。 ・登場人物の様子や心情をそれぞれ想像させる。
	4	**●出征する時のゆみ子たちはどんな様子だったでしょうか。** 交流 ・出征するお父さんの状況を読み取った後，お父さんかお母さんの視点からゆみ子への日記を書く。	・見送りがないまま出征する状況を読み取らせる。 ・登場人物の様子や心情をそれぞれ想像させる。
	5	**●十年後，ゆみ子たちはどんなくらしをしていますか。** 交流 ・戦後の状況を読み取った後，お母さんの視点からゆみ子への日記を書く。	・戦時中と比べて戦後の生活がどう変わったか読み取らせる。
	6	**●ゆみ子から両親への手紙を書きましょう。** 交流 ・「子育て日記」を読んだゆみ子の立場で手紙を書く。	・これまで書いた「子育て日記」を基に，「小さなお母さん」になったゆみ子になりきって手紙を書かせる。
三	7	**●登場人物へ手紙を書きましょう。** 交流 ・書いた手紙を読み合う。	・ゆみ子，お父さん，お母さんのいずれかの人物に対して手紙を書いて交流させる。

本時の展開例（第6時）

本時の目標　「一つの花」に込められている思いを読み取ろう

T1では、前時の「子育て日記」を読み、内容を想起します。何人か紹介した後、本時のめあてを確認します。そして**「お父さんが出征する場面からわかることは何ですか」**と補助的に問いかけます。すると、「ほかにも戦争に行く人たちがいてばんざいが聞こえてくる」など叙述に即した意見が出てくることが予想されます。物語には描かれていませんが、戦争によって何もかも焼かれており、花一つない殺風景な風景が広がっていることや、死と隣り合わせの中、軍歌や万歳が聞こえていることを捉えます。

T2では、この状況の中「出征するお父さん」をより深く掘り下げていくために、**「この日の子育て日記にはどんなことが書かれていたと思いますか」**と問いかけます。まずは、一人で考えるようにします。**どの叙述の根拠**に着目したかを明示するように声をかけます。考えることが難しい場合、行動や様子がわかる箇所に線を引かせる等の手立てをします。こうすることによって、**T3**で現れるお父さんの立場で考える学習者と、お母さんの立場で考える学習者の考えを共有します。学習者は、交流を通してゆみ子に渡された「一つの花」に込められた思いと、それを受け取ったお母さんの思いに気付くことができます。絶望の淵に立たされた両親がゆみ子を必死に守り育ててきたことを、学習者なりの言葉で捉えることができるでしょう。

T4は**「「小さなお母さん」となったゆみ子がこの日記を見たらどんな思いになるでしょうか」**と問いかけ、次時への学習につなげることを伝えます。

本時の流れ

	●主な発問〈問い〉　・学習活動	・留意点
T1	**●おとうさんが出征する場面からわかることは何ですか。** C：ばんざいの声が聞こえる。 C：勇ましい軍歌が聞こえる。 C：花も何もない。	・見えるものや聞こえてくるものなど，暗黙知に働きかけることで情景が具体化される。
T2	**●この日の「子育て日記」にはどんなことが書かれてあると思いますか。** C：お母さんは，お父さんが出征する時にゆみ子が笑ってほしいと思いながらあやしていると書いてあるから，気持ちを押し殺して見送っていると思う。 C：お父さんは，一つの花にゆみ子とお母さんへの思いを託していたと思う。	・叙述に基づいて意見を明示させる。 ・書くことが難しい場合，人物の行動や様子がわかる叙述に線を引かせる。 ・お母さんとお父さんから見えているものが異なることを確認する。
T3	**●「子育て日記」に書いたことを伝え合いましょう。** C：お母さんはあまりじょうぶでない父も戦争に行かねばならないことがとても悲しいけれど，最期の別れになる時にゆみ子と笑顔で送り出そうと頑張っていると思います。コスモスの花に託された思いを受け取っていると思います。	・お母さんとお父さんの視点から書いた日記を交流し合うことで，一つの花に交差している思いを読み取らせる。 ・少人数で交流後，全体でも共有する。 ・叙述から広げて考えている場合，その根拠を明示するように声をかける。
T4	**●「小さなお母さん」となったゆみ子がこの日記を読んだら，どう思いますか。** C：一輪のコスモスがたくさん咲いていることに気が付いて，お父さんに見守られていると感じると思う。 C：お母さんはお父さんがいない悲しみを抱えながら懸命に愛情をかけて育ててくれたことに気が付くと思う。	・お父さんとお母さんの視点から書かれた日記を読んだことによって，ゆみ子から手紙を書くという次時の言語活動につなげるようにする。

教材研究の目 1 「でも」の声

教材文：『新しい国語 四下』東京書籍（令和二年度版）より引用

①いくつかの「でも」

本文中には、いくつか「でも」を用いた逆接の語りがあります。そのどれもが喜びや希望を逆接で打ち消したり、希望の中に不安が同居していたりする様相を表しています。喜びや不安の対比にかかわる問いにより、場面の様子や作中の人物の心情がよく表れている部分テクストに着目させ、読みの交流を促すことができます。

ハルーン兄さんならだいじょうぶ、……（中略）……ヤモは信じています。でも、何だかむねがいっぱいになってきました。

一つ目は、大丈夫と信じているけれど、むねがいっぱいになってきたヤモの心情が語られる部分テクストです。むねがいっぱいになってきた理由は空所になっています。この空所を補填することは、ヤモがこれまでどのような出来事から何を感じ、何を思ったのかを考えることにつながります。松本（２０１１）の提唱する読みの交流を促す問いの要件である「一貫性方略の共有」や「テクストの本質への着目」に大きくかかわります。そのため、**「むねがいっぱいになったのはなぜか」**という直接的な問いで十分に読みの交流が促されると考えます。学習者は、ヤモにかかわる出来事やその出来事があった時の様子を根拠として理由付けを行うことになります。根拠が一つではなく複数あるからこそ、読みの多様性がある程度保証されている問いと言えます。

②誰の声か

白い子羊に「ババール（春）」という名前を付けようと思いました。でも、春はまだ先です。

二つ目は、父さんに買ってもらった子羊に「ババール（春）」と名前を付け、春になったら帰ってくると言った兄さんを待とうとするヤモですが、春はまだ先であることが語られる部分テクストです。この部分テクストについて、一つ目のように直接的に問うと「春はまだ先だと思ったのはなぜか」というようになりますが、これでは春はまだ先だと思ったのは「ヤモ」であるかのように捉えられる可能性を高めることになります。典型的には、「語り手」と「ヤモ」の二人の声と想定されますが、「でも」がどちらの声に聞こえるかは読み手によって異なることが考えられます。また、この場合は、「語り手」と捉える読み手の方が多いかもしれません。どちらの声として読んだのかによって読みは異なります。この点で多様な読みを保証する問いならば、**「どうして「春はまだ先」と語られたのか」**といった問いが有効であると考えます。

【予想される学習者の反応】

〇ヤモの声として読んだ学習者の反応

・さらに戦争がはげしくなったとしたら春までは長いと思ったから。

・兄さんのことを心配しているから春まで待てない気持ちになっているから。

〇語り手の声として読んだ学習者の反応

・戦場では何が起こるかわからないから、春がすぐに来ると思わない方がいいから。

・戦争では多くの人がけがをしたり死んでしまったりするから、ヤモの願いが叶うと言い切れるような期間ではないと思うから。

教材研究の目 2 語り

①語り手の変化

本教材の結末は読み手に強い印象を与えます。これを活かすかのように教科書（東京書籍、令和2年版）の手引き頁では「物語の終わり方について、感じたり考えたりしたことを友達と伝え会おう。」となっています。結末に特徴のある物語であるならば、物語の語られ方に着目して教材研究を行う必要があるわけです。

松本（1997a）は、「語り」あるいは「語り手」の概念を捉えやすくするための枠組みとして、「「作中人物」に寄り添う語り」、「作中人物の発話を語る「話し手」としての語り」、そして「作中人物とは距離をとり、作者に近い「語り手」」といった分類を示しています。

本教材の語りをこの分類に当てはめてみると、テクストの冒頭部分は、アフガニスタンの実情やパグマンの村について、物語の設定についての説明をしており、「作中人物とは距離をとり、作者に近い「語り手」」として語ります。そして、作中人物について最初に語られる部分では、「小さな男の子、ヤモの住む…」と中心人物であるヤモを対象化する度合いが高く、「作中人物とは距離をとり、作者に近い「語り手」」の立場をとっています。しかし、物語がさらに展開していくと、徐々に人物に視点を移動していきます。例えば「町に着きました。」という一文では、作中人物がいる場所や時間、出来事を共有しています。さらに物語が展開していくと、「（こんな所で売れるかな？）」とヤモの心の声を語ったり、「ヤモは信じています。」と語ったりするようになります。町に着いて以降、ヤモにとても近い位置から「「作中人物」に寄り添う語り」の立場をとっていきます。そして最後の一文、「その年の冬、村は戦争ではかいされ、今はもうありません。」が提示されます。この語りについては、「「作中人物」に寄り添う語り」と「作中人物とは距離をとり、作者に近い「語り手」」の二つで解釈が分かれることが考えられます。最後の一文までの語り方に鑑みると、ヤモに寄り添うモードの読みになりやすいことが想定されます。ヤモの声と捉えるのであれば、すっかり希望を失っている、もしくは悲しい気持ちが滲み出ているように読め、強い印象をもつでしょう。また、語り手の声と捉えるのであれば、突如として人物から距離を置き、作者、もしくは、それ以上に遠いところから語っているように読み取ることで、唐突な場面転換に戸惑いを感じるのではないでしょうか。また、その悲劇の前に置き去りにされた人物の心情を想像することにもなるのです。

②読みの在り方の比較へ

語りに着目して見ると、このように二つの結末が想定でき、どちらも強い印象が残る物語として読むことができます。この二つの読み方について、どちらの声として捉えて読むことが正しいかではなく、読みの多様性を保証して、読みの交流を充実させることに価値があると考えます。ですが一方で、互いの解釈を無条件に許容し合うだけでは、「衝突のない多様性」が生み出されてしまいます。このように解釈が分かれる場合は、「個々の解釈がどのような読みから生まれてきたのか、その背景を〈語り〉の構造に求めることで、解釈の優劣だけではない、読みの在り方の比較が可能になる」（155頁）と松本は指摘します。このことは、本教材において最後の一文の語りを、誰の声として解釈しているのかが、語りの構造の捉え（背景）ということができます。最後の一文について読みの交流をする際には、語りを誰の声として解釈しているのかという視点をもっておくとよいでしょう。

最後の一文は、多様な読みが表れる部分テクストであり、本教材の主題にも大きくかかわります。互いの読みの前提を共有することで、より価値のある読みの交流が行えるのではないでしょうか。

教材研究の目

読みのスタンス

3

①見物人的スタンス

山元（２００５）では、学習者の読み方あるいはテクストとの向き合う姿勢として、「スタンス未形成」「参加者的スタンス」「見物人的スタンス①」「見物人的スタンス②」「見物人的スタンス③」という分類を示し、読みの能力の学齢発達の指標としています。これは、第二学年から第六学年の学習者を対象に「おにたのぼうし」を教材として調査されたものです。第四学年の読みのスタンスとしては、「見物人的スタンス①」が最も多く、次いで「見物人的スタンス②」で読む学習者が多いと報告されています。「見物人的スタンス①」は、作中の人物に対してある一定の距離をとりながら反応を示す水準であり、人物を「やさしい」や「思いやりがある」などと評価するものです。また、「見物人的スタンス②」は、「見物人的スタンス①」にかなり近いものの、人物相互の関係づけを捉えつつ、人物の言動についての評価を行う水準とされています。作中の人物に同化した読みから、物語の状況を共体験しつつ、人物の心情に対して第三者として評価しはじめた水準であるということです。

本教材に当てはめて考えると、「見物人的スタンス①」で読んだ場合、結末を踏まえてヤモたちがどんな気持ちなのかを想像し、ヤモたちのことを知る第三者として反応を示すということになるでしょう。また、「見物人的スタンス②」で読んだ場合は、このような結末になった背景を想像したり、ヤモたちはどのように受け止めているのかなどを考えたりし、ヤモたちの心情にとらわれない評価をするということになるでしょう。しかし、これらの「見物人的スタンス」で読むこと自体の困難さが本テクストにはあります。それは、松本・河内（2012）でも指摘される、語り手の特徴に起因する困難さです。語り手は、主人公ヤモを「ヤモ」と名前で呼ぶ三人称の超越的な語り手によって語られるテクストでありながら、ヤモの父や兄を「父さん」「兄さん」と呼んでおり、ヤモに近い立場から語られているのです。そのことで、語りの声の帰属先が読み手によって異なる表現になっています。「見物人的スタンス①」より前の段階として「参加者的スタンス」があります。これは、作中の人物の心情に寄り添い、人物に共感し、同化した反応を示す水準です。本教材の語りがヤモの近くから語られるという特徴から、「ヤモが〜」といった読みも促されるものと考えます。

このように、様々な読みのスタンスが想定される中で、どのスタンスがよいということではなく、学習者が自分の読み方や解釈を認識し、確立していくことが目指されるべきです。

②なぜ子羊を買ったのか

読みのスタンスの違いを活かして交流が設定できるように、**「なぜ父さんは子羊を買ったのでしょうか」**という問いを提案します。あえて、父さんの立場から考える問いとし、ヤモから一定の距離を置いて考えることを促しています。ですが、この問いは見物人的スタンスだからと言って答えが絞られてくるものではありません。勝倉（2011）は教材分析の視点から本教材で父がヤモに子羊を買い与えたことについて、「兄ハルーンのいないヤモの淋しさ・不安を癒すとともに、家族が元気でともに暮らす一日の大切さをそれとなく教えようとしたのである」（7頁）という読みを示しています。第四学年の学習者も同様にこういった読みに収束するとは考えにくいでしょう。ですが、子羊が意味するものは、学習者一人一人に幅広く捉え方があり、それは、ヤモたちが置かれている状況や人物の気持ちを考えることであり、テクストの本質にもかかわってきます。こういった部分で読みを交流させることが、一人一人に感じ方の違いがあることに気付き、物語を深く理解することができるのではないでしょうか。

教材研究の目

4 比べ読み・重ね読み

①「世界一美しい村へ帰る」を教材に

東京書籍令和二年度版『新しい国語　四下』では、「こんな本もいっしょに」（124頁）で、同じ作者の「世界一美しい村へ帰る」が紹介されています。指導書では、複数冊の本を読むことで、人物像や世界観もより膨らみを増し、愛着や親しみをもって読むことにつなげる位置付けとされています。

複数の教材の内容を比較し、その相違に着目させることで、学習を深めさせる指導方法として、「比べ読み」「重ね読み」があります。松本（1997b）は次のように述べています（4頁）。

> 「比べ読み」「重ね読み」の授業の構想においては、教材化研究の段階で、①主教材②副教材③教材間の関係④比較の観点⑤授業の重点（重点となる指導目標）が明らかにされた上で、指導案が示されなければならない。そして、授業実践の後、「比べ読み」「重ね読み」という方法によって読解・鑑賞の深まりが見られたかどうかが検討されることになる。

②比べ読みの単元構想

「世界一美しい村へ帰る」を関連教材として用いる場合、どのような単元構想ができるでしょうか。

まず、①の主教材をどちらとするかを考える際に、⑤の指導の重点をどうするかによって扱い方は変化してきます。ここでは、二つの物語にかかわる「ヤモ」に着目し、「世界一美しいぼくの村」でヤモがどんな気持ちなのか、そして、その気持ちがその後どうなったのかを考えることを通して、作中の人物の心情の読みを深めることを重点にしたいと思います。そのため、①主教材は「世界一美しいぼくの村」とし、②副教材を「世界一美しい村へ帰る」とします。

③教材間の関係について考えます。「世界一美しいぼくの村」では、ヤモを中心人物として語られ、戦争の影を気にしながら生活を送っています。兄さんが帰ってくるはずの「春」に期待と不安をもつヤモの心情が描かれていきますが、「その年の冬、村は戦争ではかいされ、今はもうありません。」を最後の一文に物語は終わり、この時のヤモの心情やその時に置かれた状況までもが読み手の解釈に委ねられています。そして、「世界一美しい村へ帰る」は、ヤモの仲良しの友達であるミラドーを中心人物として語られています。冒頭から、ヤモを気にかけるミラドーの心情やパグマンへの思いが語られています。ミラドーはパグマンへ帰ることを長く考えており、それを実行します。町でヤモとの再会を果たし、二人そろって作物の種を担いでパグマンの村へ帰っていきます。「春、村は緑でいっぱいになるでしょう。」という語りに、「世界一美しいぼくの村」との対比が明確に浮かび上がります。

④比較の観点は、両作の特徴でもある終末に焦点化し、⑤指導の重点に合わせて、ヤモの置かれている状況とヤモの心情とします。この観点を基に、二作品の類似点や相違点について、表にまとめるなどしながら読むことで、人物像や世界観を膨らませることができるのではないでしょうか。

「比べ読み」「重ね読み」によって、主教材を捉える視点が増え、人物像がより確かなものになります。こういった読みを深めるための情報集めは他の読書にも通ずるものであり、一つの読みの方略と言えるでしょう。こういった読書経験が、他のシリーズ本や関連するテーマの本を手に取ろうとする意欲となれば、読書に親しむきっかけともなるでしょう。

教材研究を活かした単元計画と発問・交流プラン

1 作中人物の心情について深めよう

「比べ読み」「重ね読み」で人物像を読み取る

本教材の原作は絵本であり、別視点から語られる『ぼくの村にサーカスがきた』と、その後の様子を描いた『世界一美しい村へ帰る』というシリーズがあります。教科書では、その中から「世界一美しいぼくの村」を主教材とし、「世界一美しい村へ帰る」をつながりのある物語を読むことを意図として教科書巻末に提示しています。中央教育審議会答申（２０１６）において、「読書は、国語科で育成を目指す資質・能力をより高める重要な活動の一つ」とされたことを踏まえると、**幅広い読書を促す**意味でも、二つのテクストを扱うことの意味は大きいと考えます。「教材研究の目４」で前述したように、主教材を「世界一美しいぼくの村」として「世界一美しい村へ帰る」の「比べ読み」「重ね読み」を行い、二つの作品にかかわる**「ヤモ」の人物像をより鮮明にしたい**と考えます。

一次では「世界一美しいぼくの村」について、場面や作中の人物の様子について整理し、**最後の一文の読みを学習者個々がもてるようにします**。二次では、「世界一美しい村へ帰る」を読み、**特に最後の一文に焦点化して読みを交流します**。三次で、改めて主教材である「世界一美しいぼくの村」の最後の一文の場面の「ヤモ」の気持ちについて考え、別の作品を読んだことで**どのような見方をもったか、どんなことを感じたのか**をまとめていきます。

単元計画

次	時	●主な発問〈問い〉　・学習活動	・留意点
一	1	・単元の目標を確認する。 ・「世界一美しいぼくの村」の範読を聞く。	・人物の心情を読み取ることを単元の目標とすることを確認する。
	2 3 4	**●場面ごとのようすをまとめましょう。** ・場面を分けて作品の概要を把握する。	・六つの場面に分け，各場面の人物の置かれている状況やその時の心情について押さえる。
	5	**●村がはかいされて，ヤモたちはどんな気持ちでいるでしょうか。** 交流 ・最後の一文の場面のヤモたちの気持ちを捉える。	・ヤモがどんな気持ちかについては学習者一人一人で考えをもてるようにする。
二	6 7	**●その後の物語を読んで，感じたことをまとめましょう。** 交流 ・「世界一美しい村へ帰る」の範読を聞く。 ・最後の一文の場面のヤモたちの気持ちを捉える。	・二つの作品を精緻に読むことは難しいため，副教材は結末部分に焦点化し，ヤモの様子を把握する。 ・主教材との対照的な部分について押さえる。
三	8	**●「世界一美しいぼくの村」で，村がはかいされた時，ヤモはどんなことを思っていたでしょうか。** 交流	・一次で思ったことと「重ね読み」「比べ読み」を経て思ったことを比べながら，一人一人の考えをまとめる時間を取り，読みの交流をする。
	9	**●二つの作品を読んで感じたことや思ったことをまとめましょう。** 交流	・二つの物語を読んだことでわかったということに焦点化していくような価値付けの声がけをする。
	10	**●つながりのある物語を読みましょう。**	・シリーズになっている図書を紹介し，読書に興味をもたせる。

本時の展開例（第8時）

本時の目標 村がはかいされた後の様子を踏まえて、ヤモの人物像について深める

T1では、前時までの学習を振り返り、ヤモの人物像に焦点化して学習できるようにします。「世界一美しいぼくの村」の最後の一文でヤモがどんな気持ちだったのかについて深めることが本時のねらいです。二次の学習である**「世界一美しい村へ帰る」でのヤモの様子**についても丁寧に確認します。

一次の学習だけでは明確な根拠を基に最後の一文の空所を補填することは難しいため、**T2**では、二次の学習によって明らかになった、その後のヤモの様子を想起させます。**T3**で、一人一人の読みが交流されるようにするためにも、**T2**において学習者一人一人が、**村がはかいされた時のヤモの気持ち**について、根拠をもって考えをもつことが重要になってきます。

T3は、まずグループなどの少人数で交流をすることから始めるとよいでしょう。自分の考えに対して基とする根拠が適切かどうか、他の学習者にどのように理解されるのかを確かめる場として位置付けられます。少人数での交流によって自分の考えが明確になることで、**全体での交流で自分の考えと他者の考えの類似点や相違点がわかりやすくなる**でしょう。

T4では、本時の学習の振り返りとともに、ヤモの人物像についてまとめます。**「比べ読み」「重ね読み」**によってわかったことや、読みの交流によって深めることができたことといった、**学びの足跡**がまとめられることをねらっています。

本時の流れ

	●主な発問〈問い〉　・学習活動	・留意点
T1	**●「世界一美しい村へ帰る」でヤモはどんな気持ちでいましたか。** C：パグマンで生活を続けている。 C：作物の種を村に持ち帰っていたから，また元の村のようにしたいと思っている。	・前時の活動についてノートを振り返りながら想起させ，ヤモの人物像を深められるようにする。
T2	**●村がはかいされた時のヤモの気持ちはどうだったのでしょうか。そう感じた根拠はなんですか。** C：希望をもっていたと思う。 C：悲しかったけど，自分が好きな村で生きていきたいと思っていた。	・一次「世界一美しいぼくの村」のヤモの気持ちの捉えを確認したところで，問いを設定する。 ・根拠として「世界一美しい村へ帰る」が加えられたことによる読みの深まりを期待している。
T3	**●考えたこととその理由や根拠を友達と交流して，ヤモの人物像をまとめましょう。** C：ヤモは，大変な状況でも希望をもって生きる人だと思いました。理由は，はかいされた村にのこって生活しているからです。 C：ヤモは，自分の育った村が好きな人だと思いました。なぜなら，小さいころに村で歌っていた歌を変わらずに歌っているからです。	・グループなどの少人数で交流後，全体でも共有する ・友達と交流して新たに気付いたことも踏まえて，ヤモの人物像をまとめていく。 ・根拠や理由をもってまとめるように促す。
T4	**●ここまでの学習を振り返りましょう。** C：「世界一美しいぼくの村」を読んだ時，ヤモは悲しい気持ちになっていると思ったけれど，「世界一美しい村へ帰る」を読んで，希望を失っていないことがわかった。	・一次で感じたヤモの人物像と二次を経て感じたヤモの人物像の違いについて全体で共有し，次時の二つの作品を読んだことで感じられたことの交流につなげる。

教材研究を活かした単元計画と発問・交流プラン

2 物語の「声」から考えられることを共有しよう

POINT

誰の「声」で語られているのか考え読む

「世界一美しいぼくの村」では、誰が発した**「声」**なのかということが、物語の解釈を深める視点の一つとなります。作中の人物の会話や実際に発した「声」、人物がつぶやくような心の「声」、そして語り手による「声」と分かれます。この「声」はどの作品においても同様に表現されるものではありますが、本作品では**誰が発した「声」なのかによって、物語の感じ方や読みの解釈が異なってきます**。どの視点で読むのかによって、読みの解釈が異なる可能性の一つに「声」という要素があることを学びのねらいとします。

一次では、物語の大体を捉えるとともに、なぜこの物語が読み手に強い印象を与えるのか考えさせます。語り手の「声」を基に、**人物相互の関係性**を捉えようとすることで、物語をより深めるための手立てを獲得することをねらいとします。そこで、語り手の「声」に着目し、人物の関係性や物語の捉え方がどのように変わるのか考え、共有するという単元のめあてを設定します。二次では、ヤモと語り手の関係性を深めるために、読みの交流を行います。そこでは、「でも、何だかむねがいっぱいになってきました。」「でも、春はまだ先です。」の二場面に絞り、ヤモと語り手の関係性を考えます。三次では、語り手の「声」の重要性を捉えたうえで、他の場面から印象的な文章を探し、自身の考えを共有するという言語活動を設定しました。本プランでは、読む活動と紹介する言語活動のつながりがあるように配慮しています。

単元計画

次	時	●主な発問〈問い〉 ・学習活動	・留意点
一	1	**●「世界一美しいぼくの村」を読み，印象に残った場面や文章を共有しましょう。**	・物語を読み，印象に残った箇所に印を付けさせる。
	2	**●物語の人物やその関係性を確かめ，まとめましょう。** ・物語の大体を捉え，語り手の視点を理解する。	・「世界一美しいぼくの村」では，印象的な言葉や文章が多く，語り手から語られていることに気付かせる。
二	3	**●「でも，何だかむねがいっぱいになってきました。」は，誰が語っているか，考えを書きましょう。**	・ヤモと語り手のどちらの語りなのか考え，第2時に学んだ語り手の物語における重要性を実感させる。
	4 5	**●「でも，何だかむねがいっぱいになってきました。」までの，ヤモと語り手の関係性を図で表し，考えを共有しましょう。交流** ・語り手がヤモに対してどのような距離感で語っているのか，まとめる。	・図で表すことで，ヤモと語り手の関係性や距離感を実感させることができるとともに，交流時の学習者の手立てとする。
	6	**●ほかに，「声」に特徴のある場面はないか物語を読み，共有しましょう。**	・前時までに学んだ「声」の視点を基に，ヤモと語り手の関係性が深まりそうな場面を読み，考えさせる。
	7	**●「でも，春はまだ先です。」の場面では，ヤモと語り手はどのような関係性か考え，図にまとめましょう。**	・「でも，何だかむねがいっぱいになってきました。」との違いを意識させる。
	8 9	**●「でも，春はまだ先です。」では，どうして春はまだ先だと語られたのか考え，共有しましょう。交流**	・誰が語っているかとは問わず，ヤモと語り手の関係性がどのように変容，深化したか考え，交流させる。
三	10	**●「声」に着目して，印象に残った他の場面や言葉を探し，どのような特徴があるか説明しましょう。**	・「声」についてまとめるために，他の場面の語りについて考え，単元をまとめる。

本時の展開例（第8時）

本時の目標　「でも」は誰が語られたのか考えるために、文章や場面から根拠を探し、共有する

T1では、第5時に考えた「声」と第7時で考えた「声」との違いを意識させるようにします。交流時に、学習者が前時と比較した考えを引き出し、考えの幅をもてることをねらいとします。また、共通点や違いを意識させることで、「でも、春はまだ先です。」のテクストが、その後に続く「その年の冬…」のテクストの読み手に与える印象とのつながりを考えるきっかけとします。

T2では、実際に**「どうして、「でも、春はまだ先です。」と語られたのでしょう。」**という問いを基に交流します。第5時までのように直接的に誰の声か問うのではなく、誰の「声」か考えるとともに、それがなぜ語られたのか理由を考えることで、交流時の自身の読みの解釈に幅をもたせます。また、語られた「声」が人によって解釈が異なることを実感させ、再度読みを促したり考え直したりするきっかけとなるようにします。

T3では、交流を基に、自身の考えを見つめ直す時間を設けます。学習者によっては交流によって自身の考えが弱まってしまうこともありますが、個別に取り組める時間をつくることで考えを再構築する機会とすることができます。

T4では、**自身の考えを図に表すことで、説明と頭の中の考えがつながっているか、メタ認知できているか見つめ直す**ことを目的とします。また、説明が難しい学習者にとっては図で表すことの方が易しく、学習への参画を促す手立てとします。どの学習者にとっても自己調整を促す機会となるようにします。

本時の流れ

	●主な発問〈問い〉　・学習活動	・留意点
T1	**●「でも，何だかむねがいっぱいになってきました。」と「でも，春はまだ先です。」にはどのような共通点や違いがありますか。図に説明を書き加えましょう。** C：前回とは異なり，語り手の声だと考えられた。 C：同じようにヤモの声だった。	・電子黒板等で，第５時の板書を示し，学習者が二つの声を比較できるようにする。 ・ここでは，前時にまとめた図を再度確認させるとともに，第４・５時の声を意識させるようにする。
T2	**●どうして，「でも，春はまだ先です。」と語られたのか，仲間と交流しましょう。** 〈ヤモの声と考えた学習者〉 C：さらに戦争がはげしくなったとしたら春までは長いと思ったから。 〈語り手の声と考えた学習者〉 C：戦場では何が起こるかわからないから，春がすぐ来ると思わない方がいいと思ったから。	・あえて「誰の声」か問わず，どうしてか問うことで，誰がどのような理由でどのように語ったのか考えられるようにする。 ・仲間と交流して新たに見つけた根拠には色を変えて線を引かせる。
T3	**●交流を経て，交流した相手と自身の読みで異なっていた点はありましたか。交流を踏まえ，もう一度どうして「春はまだ先です。」と語られたのか考えましょう。** C：今回の語り手は，ヤモの希望とは裏腹に現実を見て少し突き放しているようにしていると聞いて納得した。	・学習者の読みの内容だけでなく，着目した根拠を指摘する。 ・読みの交流を踏まえ，自身の考えがどのように変容したか深化したか意識できるように，再度個人でまとめる時間を設ける。
T4	**●交流し考えをまとめたことを踏まえ，ヤモと語り手の関係性に変化はありましたか。図に表しましょう。** C：ヤモと語り手の距離感は離れた。それは悪い意味ではなく，ヤモの成長を見守る親のような感じである。	・考えた説明を基に図で表すことで，自身の考えを正しく表せているか考えたり，図と説明が異なっていた時に考え直したりするきっかけとなるようにする。

教材研究の目

物語の構造

教材文：『国語四下　はばたき』光村図書（令和二年度版）より引用

①不思議な世界への入口

本作品の構造の大きな特徴は、女の子が現実世界から不思議な世界（非現実世界）へ迷い込み、現実世界へ戻ってくるという点です。不思議な世界へ迷い込んでしまったということは、様々な描写からわかります。物語の初め、女の子は店番のおばあさんから見えていますが、中盤では人々からは見えておらず、初雪が降ったとしか認識されていません。また、女の子は自分の意志で足を止めることができなくなっています。不思議な世界から現実の世界へと戻ってきたことは、女の子がよもぎの呪文を唱えられた後の描写からわかります。

――気がついたとき、女の子は、たった一人で、知らない町の知らない道をとんでいました。――

この描写は、それまで女の子が不思議な世界へ迷い込んでいたということを表しています。では、女の子はどの時点で不思議な世界へ迷い込んでしまったのでしょうか。現実世界での出来事だとすると、「おかしい」と思われるところがいくつかあります。ろうせきの輪の中に入った女の子の体がゴムまりみたいに弾んだり、おかし屋の前で会った犬に歯をむき出してほえられたり、この時にはもう不思議な世界へ入ってしまっていたのではないか、と考えられる描写がいくつか存在します。加古（2016、15頁）は「女の子の日常と非日常（異界）との境界線」を、「バスの停留所」であるとし、その根拠として「バスの停留所」の辺りで雪が降り出し、「雪うさぎの登場へとつながる」っていること、「このバス停を最後に、しばらく風景が描かれなくなる」ことを挙げています。しかし、「バスのていりゅう所の辺り」では、まだ白うさぎは現れていません。現実にはあり得ないほどたくさんの白うさぎが現れたところが不思議な世界へ入ったところだとすることも可能だと思われます。**「どこから不思議な世界なのか」**という問いに答えるためには、女の子の様子、周囲の様子、雪の描写など、様々な描写に着目する必要があります。女の子が不思議な世界へ迷い込んでしまったことを確かめたうえで、その入り口はどこか考えることは、細かな表現に着目して読むことにつながっていきます。

②物語の転換点

不思議な世界の場面は、よもぎの葉の出現が転換点となり、次のような順に変容していきます。

女の子の心情 ↓ 白色のイメージ ↓ 白うさぎの歌

よもぎの葉の出現以前は、女の子の心は恐怖に取り込まれてしまっています。しかし、よもぎの葉の出現によって、女の子の心情は大きく変わります。よもぎの葉から得た春の温かいイメージによって「だれかにはげまされているような気」がしてきます。そして白色が雪の白色から連想される冷たいイメージ（冬の色）から、よもぎの葉の裏側の白色の優し気なイメージ（春の色）と結び付き、白うさぎの歌も「うさぎの白は、雪の白」↓「うさぎの白は、春の色」と変化します。うさぎの歌が変化したことによって女の子は春の世界をイメージすることができ、現実世界へ戻るための呪文を唱えることができたのです。

このように、物語の転換点に注目し、何がどのように変容したのか考えることは、場面の様子を具体的に想像することにつながっていきます。また、登場人物の心情の変容に伴って周りの風景も変容していることを捉えやすいことから、小学四年生が「情景」という言葉の意味を実感的に捉えることにもつながります。

教材研究の目

色彩表現 2

安房直子作品には、色彩表現が印象的な作品が多くあります。六年生の教材として扱われている「きつねの窓」(教育出版)では、物語全体を通して青色の世界が描かれています。高島(2005、91―92頁)は、安房直子の作品にどのように色彩が使われているのかを調べ、作品の特徴を次のように述べています。

- 「〈色彩〉が作品のモチーフや主題となっていること」
- 「現実世界と非現実世界が明確に区別されな」く、「〈色彩〉が二つの世界の共通項であり、〈色彩〉が変化することによって、現実世界は非現実世界へと移行する」

特に「きつねの窓」においては、「非現実世界の深化に従って、〈青〉のグラデーションも深化する。」(88頁)と述べています。「初雪のふる日」も中心人物が現実世界から非現実世界へ迷い込みますが、どこからが非現実世界であるのかは明確に区別されていません。物語の始まり、現実世界の描写には、色彩表現は見当りません。そんな中、女の子が石けりの輪の中を進み、バスの停留所の辺りまで来た時、「ほろほろと雪がふり始め」ます。そんな中、女の子は「顔を真っ赤にして」跳んでいきます。この後、「雪は、だんだんはげしくふり始め」ますが、まだ「女の子の赤いセーターの上に、ほっほっほと白いもようを付け」るくらいです。ところがこの後、白うさぎたちが「もう後から後から」出現したことによって、女の子は一面白色の世界に包まれていきます。女の子が非現実世界にだんだんと入り込んでしまうに従って、白色も強調されていくのです。

物語の基調となっている白色に、所々で他の色が印象的に差し込まれます。先に挙げた女の子の描写では温かさや情熱をイメージさせる赤色が使われています。女の子の命の温かさや活発さが雪によってかき消されていきます。次第に「女の子の手足はかじかんで、もう氷のようになり」、「ほほは青ざめ、くちびるはふるえて」しまいます。女の子の描写に赤色はもうなく、冷たさをイメージさせる青色が使われています。

よもぎの葉の出現によって物語は一変し、冷たい冬から温かい春の世界を読者はイメージします。色彩表現はそのイメージを大いに助けています。「あざやかな緑の、そして、うら側には白い毛のふっくりと付いた、やさしいよもぎの葉」、「たくさんの草の種の声」、「野原でうさぎが転がって」、「あたたかい春の日をいっぱいに浴びて、よもぎの野原で」といった表現からは、春の温かい緑色の世界がイメージされます。そして印象的であった白色の世界が、よもぎの葉の出現によって緑色の世界に変わると、女の子の「ほほは、ほんのりばら色に」なるのです。女の子から失われた命の温かさが戻ってきたことが、色彩表現によって巧みに表現されています。さらに注目したいのは、白色のイメージの変容です。物語の前半、白色は雪や雪うさぎの描写で使われており、女の子の命の温かさをかき消すような冷たさを連想させる白色でした。後半、白色は雪ではなく「よもぎの葉っぱのうら側」の描写に使われています。「うら側には白い毛のふっくりと付いた、やさしいよもぎの葉」、「よもぎの葉っぱのうら側に、白い毛がどっさり落ちた」とあり、「ふっくりと」「どっさり」という表現からは、柔らかさがイメージされてきます。白色のイメージを変容することができた女の子によるなぞによって、白うさぎのイメージも変容します。

色彩表現の効果について直接考えさせることは小学四年生には難しいでしょう。これまで見てきたように、色彩表現は女の子の様子や心情、女の子が抱いたイメージを描写しています。女の子の様子や心情、イメージについて考える際に、色彩表現をかかわらせながら豊かに想像するような学習が適していると考えます。

教材研究の目

3 人物設定

①女の子の設定・おばあさんの設定

物語の中心人物である女の子は特定の名前がありません。年齢や住んでいる場所、家族構成もわからないので、どのように暮らしていたか、読者は想像することができません。わかっていることは、小さい女の子であること、村に住んでいて赤いセーターを着ていること、おばあさんがいる（いた）ことくらいです。そしてこのくらいの特徴ならば、他にもたくさんの女の子に当てはまりそうです。加古（2016、14頁）は、女の子や村に固有名詞がないという特徴は、昔話と似ていると述べています。そして、昔話のように「時、場所、人物に普遍性を持たせている」ことに起因して、「自分も同じ目に遭うかもしれないという感覚」から「怖さ」が生じていると説明しています。情報が少ないが故に、読者は自分に当てはめて考えやすくなるのです。

次におばあさんの設定に注目します。おばあさんは女の子に、初雪のふる日には白いうさぎがやってくることや、うさぎの群れに巻き込まれると「世界の果てまでとんでいって、最後には、小さい雪のかたまりになってしまう」から気を付けなければいけないことを教えます。さらに、白うさぎにさらわれたけれど生きて帰れたたった一人の子どもが、よもぎのおまじないを唱えたと話します。おばあさんはなぜ、「人の目には、一本の白いすじにしか見えない」うさぎの群れのことや、「最後には、小さい雪のかたまりになってしまう」こと、生きて帰れた「たった一人」の子どものことを知っていたのでしょうか。小学四年生の子どもがこの話を読んだ時に最も気になることの一つであると予想されます。しかし、なぜおばあさんは知っていたのか、という疑問に対する明確な答えを文中から得ることはできません。手がかりになることといえば、物語の最後、女の子が現実の世界に戻ってこられた後に、遠い町の一人の年よりが言った、「この子は、きっと、白うさぎにさらわれそうになったのだ。」という言葉です。遠い町の年よりが知っていたということは、女の子のように、かつて白うさぎにさらわれそうになった子どもが自分の体験を誰かに話し、その話が町で伝承されていると考えられます。「おばあさんはなぜ、白うさぎに連れ去られると雪のかたまりになってしまうことを知っていたのか」「おばあさんはなぜ、よもぎのおまじないのことを知っていたのだろうか」という問いは、物語には描かれていない部分であり、初読した子どもたちからも挙げられやすい問いですが、この問いについて考えさせたとしても、根拠が少ないが故に、子どもたちは際限なく空想の世界を広げてしまうことになりかねません。

②白うさぎの設定

「かわいらしい」、「さびしがり」などのイメージをもちやすい「うさぎ」ですが、本作品においては女の子をさらう存在として描かれています。白うさぎは何者なのでしょうか。白うさぎは「わたしたちみんな、雪をふらせる雪うさぎ」であると説明しています。またおばあさんの話からも、うさぎは「雪をふらせてゆく」存在であることがわかります。では、白うさぎはどんな人物像をもっているのでしょうか。女の子は白うさぎの群れに巻き込まれて恐ろしい思いをしていますが、白うさぎは女の子をさらおうとしているのでしょうか。白うさぎは「かた足、両足、とんとんとん。」という呪文を繰り返しながら、石けりの輪の中をとんでいっているだけです。女の子がろうせきの輪の中から抜け出そうと、よもぎの呪文を唱えようとした時、声をそろえて自分たちの歌を歌って女の子を妨げたように見えますが、それ以外には、女の子を積極的にさらおうとしている様子は見られません。女の子がよもぎに関するなぞなぞを出した時に「すっかりよろこん」だところからは、素直で子どもらしいような感じも見受けられます。女の子の立場から考えた時と、読者の立場から考えた時とでは、白うさぎの人物像は変わってきます。

教材研究の目 語り 4

①怖いと感じる理由

「初雪のふる日」を読んだ小学四年生からは、「怖い」という感想がよく聞かれます。それには様々な語りの言葉が関係していると考えます。物語は次のように始まります。

―秋の終わりの寒い日でした。村の一本道に、小さな女の子がしゃがんでいました。―

時、場所、人物に固有名詞がありません。加古（2016、14頁）はこのように「時、場所が不特定」ということ、人物が「典型的で普遍的な人物として描かれ」るといった特徴は昔話がもつ特徴であるとしています。そして、「細かい設定がない」ゆえに、読者は「特殊な人の特殊な物語ではなく、自分の身に起こりうる」と受け止め、そのような感覚から「怖さ」が生じていると述べます。

物語の冒頭では、語り手は昔話を語るような語り口調で女の子を俯瞰して見ていますが、この後、女の子のつぶやき以降は女の子の視点に立って世界を見ています。「ゴムまりみたいにはずんできた」、「あらい息をしながら」、「風も冷たくなりました。」など、女の子が身体で感じ取っている感覚が伝わってくるような語りから、読者は女の子に同化していきます。白うさぎが現れる場面では、「もう後から後から、白いうさぎが続いてくるのでした。」「あわてて前を見ると、やっぱりたくさんのうさぎが、一列になってとんでゆくのでした。」と表現され、知らぬ間にたくさんのうさぎに囲まれてしまった女の子の焦りや驚きが伝わってきます。

女の子の視点に立って物語を読んでいく時、語りの中に繰り返し挿入されてくる白うさぎの歌は、読者に強い印象を与えます。藤本（２０１０）は安房直子作品には「予知めいた内容をもつ歌と、呪術力をもつ歌」が挿入されることに注目しています。「初雪のふる日」において繰り返し挿入される歌は、「呪術力をもつ歌」であると言えるでしょう。「呪術としての歌は、人間以外の異界の存在が、不思議な力を発揮する場合に歌うことが多い。」（26頁）と藤本が述べるように、「かた足、両足、とんとんとん」というリズミカルな歌が繰り返されることによって、女の子の体は不思議な世界へと入り込んでいき、自分の動きをコントロールできなくなっていくのです。女の子の視点に立って物語を読んでいるからこそ、歌が繰り返されるたびに増していく女の子の恐ろしさがそのまま読者の心にも迫ってくるのでしょう。

②俯瞰的な視点

全体的に女の子に寄り添う語りが続いていきますが、俯瞰的な視点から描かれているところがあります。

こうして、白うさぎの群れと女の子は、もみの森をぬけ、こおった湖をわたり、これまで一度も来たことのない、遠い所までやって来ました。（以下略）

ここでは女の子がとても遠いところまで移動していたことが強調されています。語り手が女の子から離れ、遠い所から見たことを冷静に語ることで女の子に起きていることの恐ろしさが強調されてきます。さらに物語の最後でも、女の子に起きた出来事が「とても信じられない」こととして女の子の外側の視点から語られています。教室では、語り方が読者にどのような感じを与えるのかを考えさせる機会が少ないかもしれません。語りに注目して読むことによって、作品の特徴や魅力について迫ることができます。

教材研究を活かした単元計画と発問・交流プラン

1 変化に注目して読もう

変化に注目して読み、表現の効果を捉える

本教材の主な特徴として、**現実世界と不思議な世界（非現実世界）の境目が曖昧**であることや、**色彩表現**が女の子の様子や心情を表現するのに効果的に使われていることが挙げられます。このような作品の特徴に気付かせ**表現の効果**に目を向けられるようにするには、作品を丸ごと捉えるのではなく、転換点に注目し、その前後における変化について考えさせることが効果的であると考えます。一次では教師が問いを提示し、どの問いから考えていくとよいか考えさせることで学習の見通しをもてるようにします。初読した学習者からは「おばあさんはなぜ、知っていたのか」という問いが挙げられやすいですが、全体で考える問いとしては適しているとは言えません。そのため、学習者から出された疑問は物語の設定を確かめる時間に解決することにします。

二次では、物語の設定を確かめた後、**物語の二つの転換点**について考えます。なぜその部分で変化すると考えるのか、**何がどのように変化しているのか**、色彩表現など様々な描写を根拠として挙げながら考えを交流することができるようにします。

三次では、それまでの読みを活かして**作品の魅力について話し合い**ます。なぜ「魅力」だと言えるのかも含め、一人一人が自分の解釈を語り合い、互いの解釈の共通点や相違点に気付けるようにします。

単元計画

次	時	●主な発問〈問い〉　・学習活動	・留意点
一	1	**●「初雪のふる日」を読んで，気になったところや感じたことを共有しましょう。** ・友達と感想を共有する。交流 **●学習計画を確かめましょう。どのような順で考えていくとよさそうですか。** ・問いを考える順番について考える。	・気になったところを全体で考える問いとするかどうかは学習者と相談しながら決める。「すぐに解決できそうな問い」「根拠を見つけられそうにない問い」は第２時に確かめることとする。
二	2	**●物語の設定を確かめましょう。交流** ・時，場所，登場人物の人物像を確かめる。	・確かめながら，それぞれの解釈のずれが顕在化した場合，次時以降に考えていくこととする（うさぎの人物像の違いなど）。
	3	**●女の子が不思議な世界へ入ってしまったのはどこからでしょうか。交流**	・不思議な世界の出口の描写や物語のはじめは女の子が現実世界にいることを確かめる。女の子が不思議な世界へ入ってしまったことを確認してから問いについて考えさせるようにする。
	4	**●不思議な世界の場面を二つの場面に分けましょう。交流**	・何を基準にその部分で分けられると考えているのか，それぞれの理由を述べ合うことを大切にする。
	5	**●よもぎの葉を見つける前と後では，何がどのように変化したでしょうか。交流**	・女の子の心情だけでなく，場面の様子を表す言葉にも注目させる。
三	6 7	**●これまで学習してきたことを活かして，「初雪のふる日」の魅力について話し合いましょう。交流**	・これまでの学習で学習者が気付いたり考えたりしたことを，全文掲示などに書き溜めておき，参考にできるようにする。

本時の展開例（第5時）

本時の目標　情景を想像し、表現の効果を捉える

T1では、前時の学習を振り返り、不思議な世界は**よもぎの葉を女の子が見つけるところ**で二つに分けることができることを確かめます。その際、「女の子の気持ちが大きく変わるところだから」と分けられる理由についても述べる学習者がいることが予想されます。

そこで**T2**では、それらの発言を認めながら、まず**「何が」変わるのか**確かめます。「何が」「どのように」と二つのことを一度に考えることが難しい学習者もいることが予想されるからです。「何が」を先に全員で確かめ、学習者から出された「変化しているもの」を板書します。そうすることによって、板書を手がかりにしてそれぞれが「どのように」変化したか考えられるようにします。

T3では、根拠となる叙述に印を付けながら、**「どのように」変化したのか**考えさせます。「どのように」変化しているか考える中で、**T2**では挙げられなかった「変化しているもの」を新たに見出す学習者もいるかもしれません。そうした新たな気付きは積極的に認めていきます。

T4では「何がどのように」変化しているのかについて**考えたことを交流**させます。グループで交流した後、全体で交流します。どのような叙述から考えたのか**根拠を明らかにしながら話す**ことを意識させ、根拠と考えを構造的に板書することで、表現の効果を捉えられるようにします。

本時の流れ

	●主な発問〈問い〉　・学習活動	・留意点
T1	**●不思議な世界はどこで分けることができましたか。** C：よもぎの葉を女の子が見つけたところ。 C：ここまでは女の子のピンチだったけど，ここからはよい方へ変わっていく。	・前時に印象的だった友達の発言や気付きを振り返りながら，どこで分けることができたか確かめる。
T2	**●「よもぎの葉を見つける前と後では，何が変化したでしょうか。** C：女の子の状況。 C：女の子の気持ち。 C：周りの様子も変わっている。 C：使われている色も変化している気がする。	・「何がどのように」と一度に考えさせると学習者の思考が狭まってしまうことが予想される。そのため，まずは「何が」変化したと思うかを尋ね，学習者の考えを板書する。それを手がかりにして「どのように」変化したか，それぞれについて考えられるようにする。
T3	**●それぞれどのように変化したでしょうか。** C：前では女の子は恐怖でいっぱいだけど，後では「はげまされているような」気持ちがしてきて，勇気が湧いている。 C：周りの景色は冬の世界から，春の世界に変わっていると思う。	・根拠となる叙述に印を付けさせておき，交流の際に示せるようにする。
T4	**●考えたことを友達と交流しましょう。** C：この後から緑色が出てきて，白い世界だったのが変化している。 C：発見したんだけど，うさぎの歌が変わっている。自分たちで「春の色」って言っている。 C：だから女の子が想像する世界も変わったんだよね。	・グループで自由に交流させ，机間指導によって学習者の考えを把握する。その後の全体交流においては，多くの学習者が気付いていない変化や場面の様子について考えることができている学習者を意図的に指名する。

教材研究を活かした単元計画と発問・交流プラン

2

比べ読みで作品の特徴、魅力に迫ろう

POINT 比べ読みを通して、構造や表現に注目する

安房直子作品には、様々な共通点が見られます。「教材研究の目」では、中心人物が**現実世界から非現実世界へ迷い込む**こと、現実世界と非現実世界の**境界が曖昧**であること、**色彩表現が効果的に使われている**こと、「歌」が取り入れられていることといった特徴を挙げましたが、それらの特徴は他の作品にも見られます。特に「花のにおう町」という作品はそれらの特徴が全て共通しており、「初雪のふる日」とよく似ている作品であると言えます。本単元ではこの**「花のにおう町」と「初雪のふる日」の比べ読み**によって、似ている点から物語の構造や表現に注目したり、相違点から作品の特徴に気付いたりすることを目標とします。

一次では、二作品を読ませ、似ている点を挙げさせます。どの似ている点から注目して読んでいくのか考えさせ、学習の見通しをもたせます。

二次では、主に**登場人物、物語の展開、色彩表現**に注目し、**似ている点と異なる点**について考えさせます。交流の際は具体的な叙述を根拠にしながら、なぜ似ていると言えるのか解釈を伝え合わせます。

三次では、それまでの学習を通して自分が「いいな」と思った作品を選ばせ、その**魅力をリーフレットにまとめる**言語活動を設定しました。これまで注目してきた観点から選んだり新たに観点を設定したりして紹介するよう促します。

単元計画

次	時	●主な発問〈問い〉　・学習活動	・留意点
一	1 2	**●二つの作品を読みましょう。気付いたことや考えたことはシートに書き込みましょう。** **●似ている点について話し合いましょう。** 交流 **●学習の見通しをもちましょう。** ・似ている点を挙げてどの点から注目して読んでいくかを考え，学習計画を立てる。	・二作品の似ている点について学習者に挙げさせる。この段階では，似ているか似ていないかの共通理解を図ることはせず，二次で注目する観点を見出すという意識で自由に挙げさせる。 ・学習者が挙げた似ている点を整理し，どの点から読んでいくとよさそうか考えさせる。
二	3	**●登場人物の似ている点，異なる点に注目して読み，考えたことを話し合いましょう。** 交流	・それぞれの観点の似ている点と異なる点について，一人で考えた後，グループで交流させる。 ・交流の後は印象に残った表現を挙げさせ自分の考えをまとめさせることで三次の学習につなげられるようにする。 ・他の安房直子作品を教室に置いておき，学習者が手に取り，参考にすることができるようにする。
	4	**●物語の展開の似ている点，異なる点に注目して読み，考えたことを話し合いましょう。** 交流	
	5	**●色彩表現の似ている点，異なる点に注目して読み，考えたことを話し合いましょう。** 交流	
三	6 7	**●「いいな」と思う作品を選び，その作品の魅力をリーフレットにまとめましょう。** **●完成したリーフレットを読み合って，感想を伝え合いましょう。** 交流	・魅力を紹介するための観点は，これまでの学習で注目してきたことを基に考えさせる。 ・これまでの学習で注目してきた観点で，二作品以外の作品を紹介したいという学習者がいれば認めるようにする。

本時の展開例（第４時）

本時の目標　二作品の似ているところ、異なるところから物語の展開について考える

T1では、**「物語の展開」の似ているところ**について、前時までに挙げられていることを振り返ったり、何人かの学習者の気付きを取り上げたりすることを通して確かめます。「物語の展開」と言われてもよくわからない学習者が「なるほど、確かにそこは似ているな」と実感し、本時の問いに向き合いやすくなるようにします。

T2では、**一人一人が**「物語の展開」に注目して二作品を読み、**似ているところや異なるところ**について考えます。特に「似ている」とする**根拠はどの叙述なのか**、この後の交流の際に示せるよう、印を付けさせておくとよいでしょう。

T3の交流は、**グループ交流→全体交流**の順で行います。交流の際は様々な観点についてバラバラに挙げるのではなく、似た考えはできるだけつなげて発言させるようにします。そうすることで、複数の叙述を関連させながら、構造や表現の特徴に迫りやすくなると考えます。グループ交流の様子を具に見取り、学習者の考えの傾向をつかみ、全体交流の板書に活かします。また他の学習者が注目していない叙述に注目している学習者の考えを把握しておき、全体交流の際に意図的に指名することでクラス全体の読みが深まるようにします。

T4では、それまでの学習を通して**印象に残った表現**を挙げ、考えたことをまとめさせておくことで、三次の作品の魅力をまとめる際に活かすことができるようにします。

本時の流れ

	●主な発問〈問い〉　・学習活動	・留意点
T1	**●「物語の展開」の似ているところはどのようなところでしょうか。** C：中心人物が不思議な世界へさらわれてしまうところ。 C：終わり方。現実の世界へ戻ってきて，中心人物が安心している。	・第１時，２時の段階で似ている点はいくつか挙げられている。それらを思い出させて，「物語の展開」の似ているところを既に見つけている学習者の発言を取り上げ，全員が考えるきっかけを与える。
T2	**●「物語の展開」の似ているところ，異なるところについて，考えをまとめましょう。** C：歌をきっかけに事件が起こるところが似ているところだと思う。「初雪のふる日」では… C：中心人物が複数の人物にさらわれるところが似ている。	・根拠となる叙述に印を付けさせておき，交流の際に示せるようにする。
T3	**●考えたこととその根拠を友達と交流しましょう。** C：私は中心人物が不思議な世界へさらわれてしまうところが似ていると思って，「初雪のふる日」ではうさぎにさらわれていて，「花のにおう町」では花の精にさらわれていて… C：さらおうとしている者が，中心人物にしか見えていないことも似ているところだと思う。	・グループ交流の後，全体で交流する。グループ交流の際は机間指導によって学習者の考えを把握する。その後の全体交流においては，多くの学習者が気付いていない変化や場面の様子について考えることができている学習者を意図的に指名する。
T4	**●比べる中で印象に残った表現を選び，考えたことを書きましょう。** C：「かた足，両足，とんとんとん」という表現が印象に残った。「月より星よりまだ遠く」もそうだけど，リズムがすごくよくて，だから印象に残るんだと思う。	・印象に残った表現を挙げさせ自分の考えをまとめさせることで三次の学習につなげられるようにする。

教材研究の目 1 語り

これは、わたしが小さいときに、村の茂平というおじいさんから聞いたお話です。

①語り手と聞き手

「ごんぎつね」は、この一文から始まります。物語の「語り手」である「わたし」は、幼少期に茂平じいさんから直接話を聞いた人物であり、「わたし」は、「一定程度の年齢に達していて、現在は、ある物語内容を伝える側の立場」（府川2000、152頁）にあることがわかります。

では、「わたし」は、誰に向かって、物語を語っているのでしょうか。物語の聞き手は、直接には出てこないので、読み手である「わたしたち」は、「わたし」の語りに対応する形で、作品の聞き手に成り変わって、語り手の話に耳を傾けていくということになります。すなわち、「ごんぎつね」という物語は、語り手である「わたし」が、茂平じいさんから聞いた物語を、読み手である「わたしたち」に示すという枠組みをもっているのです。

以上のような語り手と聞き手、および物語内容の関係について、府川（2000、153頁）は、下図のように図式化し、

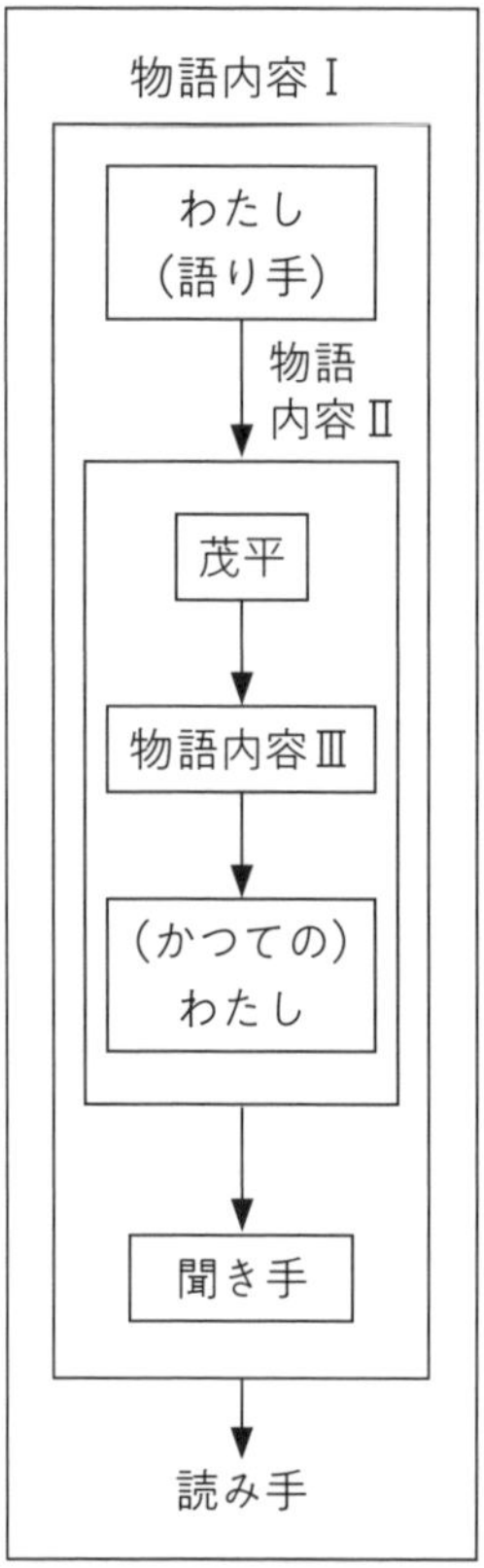

読み手が「聞き手」「(かつての) わたし」と次々に新しい聞き手になることによって、物語内容Ⅲであるごんの物語に深く入っていくという過程を示しています。「語り手」の存在によって構造化されたこの枠組みは、読み手を深く作品に引き込むためのしかけであると言えるでしょう。

②語り手を読むこと

ごんの物語が始まると、「語り手」の存在は徐々に薄らぎ、「ごん」という登場人物に寄り添う形で、三人称で物語が進行していきます。しかし、物語の山場において、この物語は、ごんの死をもって突然打ち切りになります。「青いけむり」という余韻を残して物語が終わることで、ごんに同化して読んできた学習者には受け入れがたいものとなり、「ごんがかわいそう」「兵十はひどい」という感想が多く見られます。

さて、ここで、「語り」という視点で、改めて「ごんぎつね」を読んでみると、冒頭の一文に「語り手」が存在することで、「ごんぎつね」は、昔ごんぎつねというきつねがいたことを伝える話であることに気付かされます。兵十は、一連の悲劇を村の衆に話した、そして語り継がれて、茂平じいさんによって私たちに語られた形です。「語り」の視点をもつことで、ごんぎつねは、ごんの悲劇の物語で終わるのではなく、兵十の物語が続いていくと、読むことができるのです。学習者にも、こうした読みに気付かせ、対立や葛藤を乗り越え、「心の交流」を求め続ける物語として、深く味わってほしいと思います。

そのための手立ての一つとして、物語の冒頭部へ向かっていくような問いを設定し、読みを交流させることが挙げられます。例えば、**「ごんを撃った後、兵十は何をしたのだろう」**という問いを設定すると、「栗や松たけをもってきてくれたのは「ごん」だったと、加助に話したと思う」「自分のために一生懸命に償いをしてくれた優しいきつねがいたと村人に伝えたと思う」などの読みが出されるでしょう。こうした問いを基にした交流により、語りという視点をもち、物語の新たな魅力に気付く読みが展開されるのではないかと期待します。

教材研究の目 2 語り手

①ごんに寄り添う語り手

「ごんぎつね」の語りの特徴の一つに、「「語り手」は、物語の局外の語り手であるが、物語世界の中では、自在に登場人物に寄り添う」（松本1997a、153頁）ということがあります。冒頭では、語り手は、「ごんや兵十の住む物語世界とは別次元に存在する人格化された存在」（山本1995、26頁）ですが、1場面「ある秋のことでした」で主人公のごんにぐっと近づきます。その後、6場面の途中まで、ごんに寄り添った形で語られます。その中には、語り手とごんの視点が重なる描写が見られます。

- 空はからっと晴れていて、もずの声がキンキンひびいていました。
- やがて、白い着物を着たそうれつの者たちがやって来るのが、ちらちら見え始めました。話し声も近くなりました。そうれつは、墓地へ入ってきました。人々が通ったあとには、ひがん花がふみ折られていました。

「キンキン」に続く、「〜と、感じました」などの「と」が明示的に使用されていないことにより、「語り手」の知覚と「ごん」の知覚が融合され、「ごん」の息づかいまで伝わってくるような、臨場感のある場面となっています。また、「やがて」「〜ました」に着目すると、語り手の視点からの叙述と読めますが、「見え始め」「近くなり」「入ってき」などは、ごんの視点からの叙述として読むこともできます。

②語り手と「知覚」

松本（1997a）は、こうした表現に着目し、「語り手」は誰に寄り添っているかを分析することが重要であると指摘します。多様な解釈により、登場人物の行動や思考内容を読み取ることができることに加えて、主題の読みにも影響し、いくつかの主題を読むことが可能になるというのです。

例えば、前述の箇所において、**「誰から見た光景ですか」**という問いを設定して交流をすると、

C1　語り手だと思う。「～ました」というのは、物語を語っている語り手の言葉だから。

C2　でもさ、「ちらちら見え始め」たって書いてあって、それは、ごんから見えたってことでしょう。

C3　その後の、「話し声も近くなりました」っていうのは、ごんが聞いた声が近くなってきたってことだから、ごんから見た光景だってことがわかるよ。

C4　でもさ、ごんが見て思ったことなら、（　）を使ったり、ちらちら「と」としたりするはずだよね。「ちらちら」っていうのは、ごんの気持ちが入り混じったような言葉だけど、それが書いていないから、やっぱり、ここは「語り手」から見た光景が描かれているんじゃないかな。

C1　なるほど、でも、ごんが感じたことが混ざっていて、ごんが見た光景にも読めるね。

などのような読みの深まりが期待できるでしょう。

このように、「語り手は誰なのか」に着目させることで、学習者は違った視点に気付き、読みを更新していくことができます。松本（2006）では、前述の箇所の他に、「見えました」「聞こえます」といった視覚・聴覚表現、「います」系列と「いました」系列の転換、「てきます」「ていきます」などの表現にも着目しています。こうした表現を取り上げて、**「誰から見た光景か」「誰の声が聞こえるか」**などの問いを基に交流すると、より深く物語世界へと誘うことができるでしょう。

教材研究の目 3 視点

①兵十に寄り添う語り

「ごんぎつね」は、6場面の途中までは、語り手がごんに寄り添って、時には、ごんの目から語っています。しかし、「そのとき」以降、語り手の視点は、ごんから兵十に変わります。

・その明くる日も、ごんは、くりを持って、兵十のうちへ出かけました。**(ごんがしたこと)**
・兵十は、物置で縄をなっていました。**(ごんが見たこと)**
・ごんは、うちのうら口から、こっそり中へ入りました。**(ごんがしたこと)**
・そのとき兵十は、ふと顔を上げました。**(兵十がしたこと)**
・と、きつねがうちの中へ入ったではありませんか。**(兵十が見たこと)**
・こないだ、うなぎをぬすみやがったあのごんぎつねめが、またいたずらをしに来たな。**(兵十が思ったこと)**

これまで「ごん」と呼んでいた人称が「きつね」に変わっています。ごんに寄り添って読んできた読み手は、両者の間の深い溝、「わかりあえない」関係であるという事実を改めて確認することとなります。「ただのぬすっとぎつね」「ありませんか」という強調の表現や、「ぬすみやがった」「ごんぎつねめ」という表現からも、兵十の憎しみに満ちた感情が伝わってきます。この視点の転換によって、読み手は、兵十の身になれば、ごんを撃つという行為は仕方のないことだったのだと納得せざるを得なくなるのです。鶴田（２０２０）は、「この物語の悲劇性は、ごんの悲劇であると同時に兵十の悲劇でもあるという二重の意味での悲劇性であったのである」（47頁）と指摘していますが、このように視点を踏まえて読むことによって、「心の交流」の難しさというテーマが浮き彫りになってきます。

②視点を行き来する

この二重の悲劇を、小学校四年生の学習者たちは、どのように読むのでしょうか。六の場面の途中まで、ごんに同化して読むことは容易かもしれません。しかし、視点が兵十に移った後、兵十や、ひいては村人たちの心情をどう理解し、予定調和でない悲劇をどう受け入れるのでしょう。ここにこそ、教材としての「ごんぎつね」の魅力があり、「問い」を基に豊かな交流が生まれる場面であると考えています。

ここは、これまで一方通行だったごんの兵十への思いが、ようやく双方向になり、「心の交流」が生まれる場面です。したがって、ごんと兵十の思いを対話させる形で読み取る必要があります。そこで、例えば、**「うなずいた時、ごんはどんな気持ちだったのか」「火縄じゅうを取り落とした兵十はどんな気持ちだったのか」**と、ごんの思いと兵十の思いについての問いをセットにして、双方の思いを読み取らせるようにします。その際には、５場面までのごんの言動や心情の変化とも関連付けながら考えさせるようにします。

この時期の学習者は、作品に没入して読む参加者スタンスから、作品を対象化して読む「見物人的スタンスを獲得するかどうかの過渡期」（山元２００５、528頁）であるとされます。学習者は、ごんの視点から兵十の存在を考えたり、兵十の視点からごんの存在を考えたりという、両者の視点を行き来するという葛藤を経験することが少しずつできるようになります。視点を行ったり来たりするという学習経験が、物語の面白さを知ることにつながっていくことを期待しています。

教材研究の目

色彩表現・オノマトペ

4

①色彩のイメージ

「ごんぎつね」が、私たちの心に深い感動をもたらす要因の一つに、イメージの形成につながる表現が多く用いられていることが挙げられます。場面の情景や人物の動作、様子などが目の前にありありと浮かんできて、物語世界に入り込んでいくと感じることがよくあります。そうしたイメージをもたらすのが、擬態語・擬音語や色彩表現です。「ごんぎつね」の文章の美しさは、光や色彩の描写にあるとも言われています。

「ごんぎつね」の中で、色彩が最も鮮明に描かれているのは、墓地の場面です。

- 墓地には、ひがん花が、赤いきれのようにさき続いていました。
- やがて、白い着物を着たそうれつの者たちがやって来るのが、ちらちら見え始めました。

このように、赤と白のコントラストが見事に表現されています。赤いきれのように一面に咲くひがん花、その墓地に白い着物の葬列が入ってきます。初秋の季節ですから、周りはまだ緑です。赤と白と緑の色彩が静かに融合していく感じが描き出されています。

また、この作品の最後の一文にも、印象に強く残る色彩表現があります。

- 青いけむりが、まだつつ口から細く出ていました。

上月（2022）は、「「命」の象徴としての「赤」と、「死」の象徴としての「青」の対比であり、まさに今、風前の灯となったごんの命の不確実さが、「けむり」や「細く」というテクストに象徴される」（23頁）と述べています。また、西郷（1968）は、「つつ口から立ちのぼる青いけむりの美しさは、なぜか、ごんと兵十というこの悲劇の主人公たちにささげられた手向けの香華であるかのように思えてくるではありませんか。いわばこの悲劇の美しさを象徴するものといえましょう。」（173頁）と指摘します。すなわち、「青」は、単なる火縄銃の硝煙の色ではなく、線香の煙の色として、語り手に見えた色ということです。「青」は、語り手の心理を通して、悲劇の象徴として写し出された色であると言えるでしょう。

②音のイメージ

人物の話し声や動物の鳴き声、事物の物音などの聴覚的描写も大切な役割を果たします。「ごんぎつね」では、オノマトペが巧みに用いられ、大切な役割を果たしています。例えば、秋の到来を知らせる代表的な自然の音であるもずの鳴き声は、「キンキン」と表されています。二、三日続く雨の中、穴の中でじっとしていたごんの耳に、このもずの声はどれだけ新鮮に響いたことでしょう。ごんの気持ちの高ぶりが伝わってきます。

葬列の場面では、「カーン、カーン」という葬式の合図の音が鳴ります。高くて、硬さのある音です。「いいお天気で」、遠くに「お城の屋根がわらが光って」、「ひがん花が、赤いきれのように」咲き続いている墓地の場面が頭の中に描かれているところに、このかねの音が響いてくると、一気に、葬式の雰囲気が立ち現れてきます。不穏な展開を予感させるかねの音が本当に聞こえてくるようです。

こうした作品世界のイメージを形づくる表現に注目させ、情景描写の根拠や象徴を考える問いを立てることで、読みが深まっていきます。まずは、巧みにちりばめられた情景描写に、教師自身が敏感になって、豊かなイメージをもつことが大切です。

教材研究の目

物語の設定 5

①場

南吉の作品には、彼の郷里である愛知県半田市がよく出てきます。例えば、「中山さまというおとのさま」は実在であり、その居城が南吉の実家のあった岩滑付近にあったと言われています。また、大正時代頃まで中山の近くの権現山にきつねが住んでいて、岩滑の人たちは「六蔵狐」と呼んでいたそうです。「ごんぎつね」の名前は、権現山に由来すると考えられています。どこにでも見られる典型的な農村風景を舞台に繰り広げられる物語のリアリティを演出しているのが、具体名詞です。

「ごんぎつね」の作品で目につくのは、植物の具体名詞です。十四種類にも上ります（しだ　菜種がら　とんがらし　すすき　はぎ　しば　はんの木　いちじく　ひがん花　麦　くり　松たけ）。また、「ごんぎつね」には、動物もたくさん登場します（もず　小ぎつね　うなぎ　きす　いわし　松虫）。

こうした自然の様子を表す名詞とともに、村社会の様子も具象的に描かれています（百しょう　はりきりあみ　お歯黒　のぼり　かみしも　いど　なや　いわし売り　お念仏　火縄じゅう）。

南吉は作品世界の香りが漂う名詞を用いて、日本人が親しんできたのどかで穏やかな田園風景の中で起きた出来事を巧みに描いているわけですが、今の学習者にとってはなじみのない言葉になっていることも否めません。写真を見せたり説明を加えたりして、イメージをもたせながら作品世界を感じ取ってほしいと思います。

②時

こうした場の設定とともに、時についても押さえていきたいところです。「十日ほどたって」という言葉がありますが、これは、ごんが兵十のうなぎを捕ったあの日から、十日間程経ったことを示しています。この間、ごんは、村の家々には近寄らなかったと読み取ることができますが、その間、ごんは何を考え、何をしていたのでしょうか。ごんの心情を交流するに値する空所の一つと言えます。

「そのばん」という言葉にも、ごんの後悔と反省の切実な思いが読み取れます。「そのばん」というのは、兵十のおっかあの葬式の日の晩のことです。昼過ぎから考え続け、「そのばん」、あなの中で何を考えていたのでしょう。その後の場面では、「次の日」という時の条件を示す言葉が多くなります。「十日ほどたって」とは対照的です。「毎日毎日」「そのあくる日も」「その日も」という言葉にも、ごんの兵十への熱い思いや、日を隔てることなく続けられるつぐないという行動が表れています。このように、時の流れにも、ごんと兵十のすれ違いの物語が描かれているのです。

③人物

この作品に登場する中心的な人物は、ごんと兵十です。主人公のごんは、ひとりぼっちの小ぎつねで、しだの茂った森の中に、あなをほって住んでいました。辺りの村へ出てきては、いたずらばかりしていました。芋を掘り散らしたり、とんがらしをむしり取ったりして、菜種がらに火をつけられたりして、村人はさぞかし目の敵に思っていたでしょう。影に隠れながら、社会から疎外されて生きるごんと、ごんを目の敵に思う村人は、物語のはじめから相容れない存在として描かれていきます。ごんの人物像について、小松（１９８８）は、葬式の晩、穴の中で考えるごんの自己追究における「〜にちがいない」「それで」「ところが」「だから」などの言葉に表れる論理性に着目し、「ごんの性格の新しい側面」（95頁）を指摘します。つまり、ひとりぼっちの兵十への共感、同情、自分のいたずらの結果に対する自責の念を強め、こうした論理が兵十への償いを駆り立てたというのです。兵十に撃たれることによって認められるという悲劇はここから始まるのです。

教材研究の目

物語の空所

6

①ごんの行動にある空所

問いを観点とした教材分析のポイントとして、物語の空所に対する理解が挙げられます。西田（２０２０ａ）は、読み手による意味付けや関連付けが求められる空所を捉えることが、〈問い〉づくりとその交流をめざした実践に向けて、重要であると述べます。「ごんぎつね」には、ごんの心の奥底について語られていない空所がたくさんあり、様々な解釈を誘発します。例えば、次のような叙述があります。

―その明くる日も、ごんは、くりを持って、兵十のうちへ出かけました。―

直前に語られる「引き合わないな」というごんの心情とは矛盾した行動です。「引き合わない」と思ったのに、なぜ、ごんは、兵十のもとに向かうのか、叙述には明示されていません。学習者は、矛盾を抱えながら、その理由を自分なり考え、必然的に補いながら、物語の結末に向かっていくのです。

物語が最大の山場を迎えるこの一文をめぐっては、様々に実践が行われています。石井（１９８８）の実践では、「どういう気持ちでくりを持っていったのだろう」という問いに正面から追究し、「本当に神様にお礼をいうか確かめたかった」「つぐないをしようと思って」「少しでも兵十を喜ばしてあげたい」「くりを持ってきたのはごんだとわかってもらいたい」「自分の心が兵十に通じてほしかった」「自分と同じひとりぼっちの兵十と友達になりたかった」といった意見が交流された結果、次のような感想が出されています（162頁）。

ごんのふくざつな気持ち。(中略=筆者)ごんは、兵十と友達になりたい。だけど、なれない。なのに、せめて兵十を喜ばせたい。それにつぐないもしたい。だけど、いたずらぎつねのままと思われている。いたずらぎつねのごんじゃないのに。ごんは、いたずらばかりしてきたことをくやんでいるだろうな。ぼくは、その気持ちが分かって、とてもかわいそうに思った。

空所を埋めるべく、交流を重ねた結果、学習者は、ごんの心の複雑さを見事に捉えています。

②ごんのうなずき

西田(2020b)では、「ごんぎつね」の最大の空所を「ごんのうなずき」とする実践が紹介されています。この実践では、一次において、**『うなずいた時、ごんはどんな気持ちだったか』は、価値ある問いなのか**」という課題が提示されます。学習の導入の段階で、学習者からごんのうなずきにかかわる問いが出るということは、学習者の読みがすでに深まっていることの表れではありますが、ここが、作品の読みどころであることが意識されているようです。さらに、その後の学習を通して、この問いは、ごんの気持ちが直接的には書いていないけれど、根拠となる文がいくつもあって、ごんの気持ちを様々に考えることができること、また、ごんの言葉がないからこそ、自分たちがその言葉を補って言語化する必要があることに気付いていきます。つまり、問いの価値を、交流を通して見出していったのです。物語に対する解釈が十分に形成されてもなお、ごんの思いを深く考え、友達と交流したいという学習者の思いこそ、空所を読むことの価値であるということを、この実践は示していると言えるでしょう。

空所に対する答えは複合的であり、どれか一つではとても言い尽くせません。しかし、そうしたごんの心情を考え交流することで、ごんの「愛」と「悲哀」という葛藤が一段と強く認識されることにつながります。

教材研究を活かした単元計画と発問・交流プラン

1

「ごんの物語と兵十の物語」そのつながりを読もう

POINT

「語り」への着目を通して物語の本質に迫る

「ごんぎつね」は、冒頭で「わたし」が聞いた話であることが語られた後、ごんに寄り添う形で展開していきます。そして、山場において、ごんの物語は、ごんの死をもって突然打ち切られます。ごんに同化して読んできた学習者は、「ごんぎつね」を悲劇の物語として捉えようとするでしょう。一方で、**語りや語り手の視点**をもって読むと、ごんの悲劇の物語というだけでなく、ごんの物語を語り伝える話、すなわち兵十の物語へとつながっていくということがわかります。そこで、本単元では、「語り」に着目させる問いを設定し、ごんの物語と兵十の物語のつながりについて考えさせることとしました。

一次では、初発の感想を基に問いを立てていきます。この時点では、ごんの視点からの感想や意見が多く出されることが予想されます。そこで、二次第6時までは、ごんの視点からの問いを取り上げながら、ごんの物語を読むこととします。「心の交流」の難しさ、「わかりあえない」関係をごんの視点から読んだ後、第7時では、「ごんをうった後、兵十はどう思ったのか」と、兵十に視点を向ける問いを設定します。このように、**ごんの思いと兵十の思いをセットで読んだ後**、三次では、**ごんの物語と兵十の物語をつなぐ冒頭の語り**に着目させ、物語の構造に気付かせるようにします。本プランでは、**「ごんをうった後、兵十は何をしたのか」という問いのもと、「語り」の構造を図に表して交流させ、物語を深く読む**ことに取り組みました。

単元計画

次	時	●主な発問〈問い〉　・学習活動	・留意点
一	1	**●「ごんぎつね」を読んで，感じたことや考えたことを書きましょう。** ・初発の感想を基に，学習課題を立ち上げる。	・どの場面や出来事から感じたのかを書かせる。 ・ごんの思いに焦点化し，ごんの視点で読んでいくことを確認する。
	2	**●物語の設定（時・場所・人物）を読みましょう。** ・場面を六つに分け，物語の展開を把握する。	・いつの話か，場所はどこか，登場人物は誰かを確認する。中心人物はごんであることを確認する。
二	3	**●「ごんは，なぜ，いたずらばかりするのか」ごんの思いを読みましょう。** 交流	・村人との関係や，一人ぼっちであるという境遇を押さえる。
	4	**●「ごんは，なぜ，兵十にくりやいわしをあげたのか」ごんの思いを読みましょう。** 交流	・いわしは思いつき，くりは意図して探したものなどを押さえる。
	5	**●「ごんは，「引き合わないな」と思ったのに，なぜ，明くる日も，くりなどを持って行ったのか」ごんの思いを読みましょう。** 交流	・ごんの行動から，兵十に対する思いが高まっていることを捉えさせる。
	6	**●「ごんは，なぜ，うなずいたのか」ごんの思いを読みましょう。** 交流	・これまでのごんの行動や思いを根拠に考えさせるようにする。
	7	**●「ごんをうった後，兵十はうれしかったか悲しかったか」兵十の思いを読みましょう。** 交流	・兵十に視点を向ける問いを投げかけ，ごんの思いと兵十の思いをセットで考えさせるようにする。
三	8 9	**●「ごんをうった後，兵十は何をしたか」兵十の行動から，ごんの物語と兵十の物語のつながりを考えましょう。** 交流	・「語り」の構造を図に表したものを提示して，考えさせるようにする。 ・冒頭に着目させ，誰がなぜ語ったのかを考えさせる。

本時の展開例（第8時）

本時の目標　兵十の視点から考えることで、伝承の物語であるということに気付く

T1では、**「うなずく」ごんの思い**について改めて確認します。「兵十に気持ちが伝わってうれしい」「つぐなうことができてよかった」などの学習者の反応を基に、**T2**では、**「兵十は、ごんの思いに気付いたのかな」**と補助的に問いかけながら、**「火縄銃を取り落とした」兵十の思い**を考えさせます。学習者からは、「兵十は、ごんがしたことを知って、驚いたと思う」「兵十は撃ってしまったことを後悔したと思う」と、兵十の気持ちに着目した意見が出てくることが予想されます。このように、学習者が兵十の視点から物語を捉えようとしている状況で、本時の問いを投げかけます。

T3では、**「ごんの思いに気付いた兵十は、その後、何をしたのだろう」**という問いを設定し、物語の中には語られていない、兵十の行動について、推測させます。その際、書いていないことを勝手に考えるのではなく、**物語の中に根拠を求めるようにさせ、兵十の視点で物語を読み直すようにさせること**が大切です。そうすることで、冒頭の一文に着目した意見が出されることが期待できます。そうした発言を取り上げて、**T4**では、この物語が、兵十→加助→村人→茂平→わたし→わたしたちのように語り継がれてきた伝承の物語であることに気付かせていきます。このように、ごんの視点を一旦保留し、兵十の視点で考えさせることで、語りや語り手、視点の転換といった観点に気付かせていくとよいでしょう。これらの読みの観点が、物語の新たな魅力の発見につながるという体験をさせたいものです。

本時の流れ

	●主な発問〈問い〉 ・学習活動	・留意点
T1	**●「うなずく」ごんの思いを発表しましょう。** C：兵十に気持ちが伝わってうれしい。 C：兵十が気付いてくれてよかった。 C：つぐなうことはできたかな。	・前の場面のごんの後悔や償いをしようという決意などにも目を向けさせ，その思いがようやく成就したことを捉えさせる。
T2	**●「火縄銃を取り落とした」兵十の思いを発表しましょう。** C：ごんのしたことを知ってびっくりした。 C：自分がしてしまったことを後悔した。	・兵十の視点から捉えさせるようにする。特に，ごんに対しての思いを考えさせるようにする。 ・一方通行だったごんの思いが，兵十の思いとつながったことをまとめさせる。
T3	**●ごんの思いに気付いた兵十は，その後，何をしたのでしょうか。** C：加助に，うなぎや松たけを持ってきたのは，ごんだったことを話したと思う。 C：ごんのお墓をつくって，時々，お参りしたと思う。	・ごんの思いと兵十の思いをセットで考えているところで，問いを設定する。 ・書かれていない兵十の行動を推測する際には，物語の展開に根拠を求めるようにする。
T4	**●冒頭の語りは何を意味しているのでしょうか。** C：兵十から加助に伝わったごんの話が，その後，村人たちみんなに伝わっていたこと。 C：ごんの話が茂平というお爺さんに伝わって，わたしに伝わって，わたしたちに伝わっていること。	・物語の構造を示す図を提示し，視点の転換や語りに着目させるようにする。

教材研究を活かした単元計画と発問・交流プラン

2

物語の世界をポスターに表そう

描写への着目から作品の特徴を捉える

物語の世界に生きる登場人物の人間性に迫ることこそ、物語を読む醍醐味であると考えますが、小学校四年生の学習者にとっては、二つの難しさがあると考えています。一つ目は物語を俯瞰的に捉えること、二つ目は叙述に書かれていないことを想像することです。一方、「ごんぎつね」は、登場人物の思いにかかわる直接的な叙述は少ないですが、多様な表現技法により、矛盾や葛藤を抱える人間味溢れる存在として「ごん」や「兵十」が描かれています。そこで、本単元では、「物語の世界や「ごん」を紹介したい」という学習者の願いを取り上げ、「ごんってどんな子?」「兵十の村ってどんな村?」と想像を広げながら読むことにしました。読み取ったことは、**絵や図を用いて、ポスターに表す**こととしました。ポスターに表すことで、**描写に着目した読みを表出すること**ができると考えました。

二次では、**問いに対する読みをポスターに表し、そのポスターを基に交流する**こととします。そうすることで、「ごんは、本当は…なんだよね」「実はさ、兵十は…だよね」と、書かれていないことへの着目が始まると考えました。また、絵や図に表すことで、色彩表現や象徴表現に着目した読みも期待できます。ごんの世界を俯瞰して、「この色は何を表すのだろう」「青いけむりが意味するものは何だろう」と問いを基に**交流することで、登場人物の人間性についての豊かな読み**が創発されることを期待しています。

単元計画

次	時	●主な発問〈問い〉　・学習活動	・留意点
一	1 2	**●「ごんぎつね」を読んで，感じたことや考えたことを書きましょう。** ・初発の感想を基に，学習課題を立ち上げる。 ・色彩表現に着目して読むという見通しをもつ。	・色を表す言葉に印を付けさせるなどして，色彩表現に注目させるようにする。 ・色鉛筆を用いながら，それぞれの色がもつイメージを共有する。
	3	**●物語の設定（時・場所・人物）を読みましょう。**	・人物像をプロフィールに表したり，ごんの村をマップに表したりすると，物語世界をイメージしやすいことを確認する。
二	4	**●ごんの人物像をポスターにまとめ，一人ぼっちで暮らすごんの思いを考えましょう。交流**	・ごんの境遇や生活から，村人との関係やごんの思いを読み取らせるようにする。 ・難解な語句については補助資料を見せる。
	5	**●ごんの村マップをポスターにまとめ，葬列を見たごんの思いを考えましょう。交流**	・「赤」「白」が意味するものについて，考えさせる。
	6	**●ごんの村マップのポスターに書き込みをし，つぐないをするごんの気持ちを考えましょう。交流**	・場所や時を表す表現から，ごんの気持ちやごんの人物像を捉えさせるようにする。
	7	**●兵十の家の様子をポスターにまとめ，つぐないを続けるごんの気持ちを考えましょう。**	・ごんの行動を視覚的に捉えさせ，その思いの深さを読み取らせるようにする。
三	8	**●最後の一文をポスターにまとめ，「青いけむり」が意味するものについて，考えましょう。交流**	・「青いけむり」が意味するものについて考えさせる。

本時の展開例（第8時）

本時の目標　色彩表現や象徴表現によって物語の世界が豊かに表現されていることに気付く

T1では、作品中の色彩表現について問います。このことにより、学習者はこの物語における色彩表現などの表現技法の巧みさに気付いていきます。この気付きにより、**「青いけむりは何を表しているのでしょう」**という問いが自然に共有されるものと考えます。

T2では、問いに対する読みを具体的な根拠を基にもたせたいところですが、難しい学習者もいるかもしれません。その場合は、**「ごんは、どんな様子でしたか」**と補助発問をすることにより、「ぐったりして死に向かっている」「兵十へのつぐないが成就したことに納得している」などの意見を引き出させたうえで、**「そうした登場人物の思いを表現した「青いけむり」が意味するものは何かな」**と再度問います。初めの問いは作品に対して俯瞰した立場からの問いですが、この問いは登場人物の立場に近づけた問いです。四年生の実態を踏まえると、後者の問いから考えさせるとよいかもしれません。T3の交流の際、根拠を明示させることで、自他の読み方の異同を捉えられるようにします。交流を通して、**「青いけむり＝線香」「ごんの死」「細く」「出ていく」**をはじめとした様々な言葉に着目させたいものです。このことにより、「青いけむり」について、多様な意味付けをしていくことを期待します。T4では、多様な読みの可能性の中で、特に反応の強い読みを自覚化させます。このことにより、**色彩表現や象徴表現を捉え、物語の世界をより豊かに読み、交流することで、物語の面白さに浸っていくこと**を目指します。

本時の流れ

	●主な発問〈問い〉　・学習活動	・留意点
T1	**●作品に出てくる色は，何ですか。** C：赤（ひがん花）。 C：白（かみしも）。 C：青（けむり）。	・これまでに描いたポスターを振り返らせながら，色彩表現の巧みさに気付かせるようにする。
T2	**●「青い」けむりは何を表しているのでしょう。** C：ごんの死。 C：天に昇っていったということ。	・問いを設定した後，ポスターに「青いけむり」と表しているものを書き込ませる。
T3	**●考えたこととその根拠を仲間と交流しましょう。** 交流 C：直接，ごんが死んだということが書いていないから，より悲しさが伝わってくる。 C：青という色によって，悲しみがより一層強く伝わってくるように思う。	・仲間と交流して新たに見つけた根拠には色を変えて線を引かせる。 ・グループなどの少人数で交流後，全体でも共有する。 ・学習者の読みの内容だけでなく，着目した根拠を指摘する。
T4	**●最後の一文に込められたことを話し合いましょう。** 交流 C：ごんの悲しみ。 C：兵十の後悔。	・色彩表現や象徴表現が作品世界と密接に重なっていることを捉える。 ・直接書かれていないことでも，叙述からイメージをもつことで，物語の面白さに触れることができることに気付かせる。

参考文献

小学３・４年物語教材を読み解く教材研究の目

・上谷順三郎（１９９５）「読者論の理論―イーザーを中心に―」『「読者論」に立つ読みの指導　小学校中学年編』東洋館出版社、１７３―１８８頁
・上谷順三郎（１９９７）『読者論で国語の授業を見直す』明治図書出版
・関口安義（１９８６）『国語教育と読者論』明治図書出版
・田近洵一（１９９３）『読み手を育てる―読者論から読書行為論へ―』明治図書出版
・寺田守（２０１２）『読むという行為を推進する力』溪水社
・桃原千英子（２０１０）「入れ子構造を持つ文学作品の読解」『国語科教育研究　第１１８回全国大学国語教育学会東京大会発表要旨集』全国大学国語教育学会、49―52頁　および当日発表資料
・中村敦雄（１９９０）「文学教育の基礎理論研究――W・イーザー『行為としての読書』の検討」『読書科学』第34巻第４号、日本読書学会、１５５―１６４頁
・難波博孝（１９９４）「多様な解釈を保証する教材分析―詩「りんご」の場合―」『国語科教育』第41集、全国大学国語教育学会、43―50頁
・松本修（２００６）『文学の読みと交流のナラトロジー』東洋館出版社
・松本修（２０１１）「読みの交流を促す〈問い〉の５つの要件の検討―教材「庭の一部」の話し合いに基づいて―」『国語科教育』第70集、全国大学国語教育学会、84―91頁
・松本修（２０１５ａ）『読みの交流と言語活動　国語科学習デザインと実践』玉川大学出版部
・山元隆春（１９９２）「〈Blanks〉試論―W・イーザー『行為としての読書』を読む―」『日本文学』第41巻第４号、日本文学協会、82―86頁
・山元隆春（２００５）『文学教育基礎論の構築―読者反応を核としたリテラシー実践に向けて』溪水社
・山元隆春（２０１４）『読者反応を核とした「読解力」育成の足場づくり』溪水社
・Vipond, Douglas & Hunt,Russell A. (1984) Point-Driven Understanding: Pragmatic and Cognitive Dimensions of Literary Reading. Poetics,13,261-277
・W・イーザー／轡田収訳（１９８２）『行為としての読書―美的作用の理論―』（原著１９７６）岩波書店

ちいちゃんのかげおくり

・石丸憲一（２０１０）「読者反応とテクスト構造の関係をつかむ文学の教材研究：「ちいちゃんのかげおくり」の読者反応の分析を通して」『教育学論集』第61号、創価大学教育学部・教職大学院、19―32頁
・中村哲也（２０１９）「ちいちゃんのかげおくり」あまんきみこ研究会『あまんきみこハンドブック』三省堂、80―83頁
・堀田悟史（２０１６）「絵本「ちいちゃんのかげおくり」（あまんきみこ）を読む：「意味場面」を中心にしたテクスト分析」『京都教育大学国文学会誌』第44号、京都教育大学国文学会、47―66頁
・松本修（２０１３）「「ちいちゃんのかげおくり」の語りと学習」『Groupe Bricolage 紀要』№31、Groupe Bricolage、１―７頁
・松本修（２０２２）「情景描写を〈読む〉ことの意味」『国語科学習デザイン』第５巻第２号、国語科学習デザイン学会、１―８頁
・松本修・西田太郎（２０２０）『小学校国語科〈問い〉づくりと読みの交流の学習デザイン』明治図書出版
・三好修一郎（２０１６）「あまんきみこ「ちいちゃんのかげおくり」の読みを紡ぐ」『国語国文学』第55号、福井大学言語文化学会、49―70頁

わすれられないおくりもの

・首藤久義（２０２３）『国語を楽しく―プロジェクト・翻作・同時異学のすすめ』東洋館出版社
・スーザン・バーレイ作・絵／小川仁央訳（１９８６初版）『わすれられないおくりもの』評論社
・Varley, Susan (1984) Badger's Parting Gifts, Andersen Press Ltd

おにたのぼうし

・幾田伸司（２０１１）「語られなかった状況を読むことの可能性―物語テクストにおける登場人物の「不在」に着目して―」『国語科教育』第70集、全国大学国語教育学会、28―35頁
・田中実（２００１）「メタプロットを探る「読み方・読まれ方」―「おにたのぼうし」を『ごんぎつね』と対照しながら―」田中実・須貝千里編『文学の力×教材の力　小学校編３年』教育出版（※①）、８―22頁
・古田雅憲（２０２１）「絵本『おにたのぼうし』を読む⑴―「ぼうし」の含意を中心に―」『西南学院大学人間科学論集』17巻１号、西南学院大学学術研究所、１―23頁
・松本修・西田太郎（２０１８ａ）「「おにたのぼうし」における空所と語り」『国語科学習デザイン』第１巻第１号、国語科学習デザイン学会、２―９頁

・山中正樹（２０１３）「初期川端文学における象徴表現について（一）―川端康成の言語観〈四〉」『日本語日本文学』第23号、創価大学日本語日本文学会、1―11頁
・山元隆春（１９９７）「あまんきみこ「おにたのぼうし」論」『広島大学学校教育学部紀要　第Ⅰ部』第19巻、広島大学学校教育学部、31―38頁

サーカスのライオン

・幾田伸司（２０１１）　※同前
・佐々木麻衣（２０１７）「文学教材における読みの交流のための教科書挿絵の活用」『平成27年度公益財団法人教科書研究センター　大学院生の教科書研究論文助成金　論文集』教科書研究センター、37―45頁
・西田太郎（２０１５）「学習者の読みにおける「空所」概念の形成」『全国大学国語教育学会　第１２９回西東京大会研究発表要旨集』、65―68頁
・松本修（２００６）　※同前
・松本修（２０１０）「「空所」概念と読みの交流」『Groupe Bricolage 紀要』№28、Groupe Bricolage、1―9頁
・松本修（２０１４）「「きつねの窓」における語りの構造と教材的価値」『Groupe Bricolage 紀要』№32、Groupe Bricolage、12―18頁
・松本修（２０１５ｂ）「文学の読みにおける比喩と象徴の意味」『Groupe Bricolage 紀要』№33、Groupe Bricolage、1―7頁
・松本修・西田太郎編著（２０１８ｂ）『その問いは、物語の授業をデザインする』学校図書
・三宅夏葵・松本修（２０１６）「オノマトペの指導における合科的な学習デザイン」『Groupe Bricolage 紀要』№34、Groupe Bricolage、25―33頁

モチモチの木

・上月康弘（２０１８ａ）「読みの交流の成立を促す会話上の機能―交流におけるモニタリングが学習者の意味形成に与える影響―」『国語科学習デザイン』第1巻第1号、国語科学習デザイン学会、31―41頁
・上月康弘（２０１８ｂ）「モチモチの木」松本修・西田太郎編（※同前）、48―57頁
・西田太郎（２０２０ｂ）「〈問い〉づくりと読みの交流の学習デザイン」松本修・西田太郎（※同前）、66―１３４頁
・平野芳信（２００１）「〈型〉の力、〈語り〉の力―斎藤隆介『モチモチの木』を視座として―」田中実・須貝千里編（※同前①）、84―98頁

白いぼうし

・佐藤麻野（２０１６）「文学における語りと象徴にかかわる〈問い〉」『臨床教科教育学会誌』第16巻第1号、臨床教科教育学会、19―27頁
・田中実・須貝千里編（２００１）『文学の力×教材の力　小学校編4年』教育出版（※②）
・鶴田清司（２０１７）『授業で使える！論理的思考力・表現力を育てる三角ロジック　根拠・理由・主張の3点セット』図書文化社
・寺島元子（２０１８）「「ごんぎつね」における象徴表現の問い」『国語科学習デザイン』第1巻第1号、国語科学習デザイン学会、10―20頁
・西田太郎（２０１９）「学習者に獲得される「空所」概念の検討と実践化」『国語科学習デザイン』第2巻第2号、国語科学習デザイン学会、76―86頁
・松本修（２００８）「「白いぼうし」の語りと主題」『Groupe Bricolage 紀要』№26、Groupe Bricolage、21―26頁
・松本修（２０１０）　※同前
・松本修（２０１５ａ）　※同前
・松本修（２０１５ｂ）　※同前
・松本修・西田太郎（２０１８ｂ）　※同前
・宮川健郎（２０１９）「ファンタジー」あまんきみこ研究会『あまんきみこハンドブック』三省堂、１６０―１６１頁
・Wolfgang Iser／轡田収訳（１９８２）　※同前

一つの花

・黒古一夫（２００１）「『一つの花』試論」（※同前②）、8―22頁
・坂本喜代子（２０１４）「小さな静寂はそのままにつながりを結ぶ物語」田近洵一・木下ひさし・笠井正信・中村龍一・牛山恵『文学の教材研究―〈読み〉のおもしろさを掘り起こす』教育出版、１５０―１６３頁
・関口安義（２００４）『一つの花―評伝 今西祐行』教育出版
・田近洵一（１９８８）「今西文学における二重の歴史的意識」『今西祐行全集第6巻　月報』
・丹藤博文（２０１８）『ナラティヴ・リテラシー―読書行為としての語り―』溪水社、8―22頁
・丹藤博文（２０２２）「語りの行方―「一つの花」（今西祐行）の場合―」『国語国文学報』第80集、愛知教育大学国語国文学研究室、1―11頁
・藤原和好（２０１０）『語り合う文学教育―子どもの中に文学が生まれる―』三重大学出版会

・宮川健郎（１９９５）「子どもの中の「一つの花」」田近洵一・浜本純逸・府川源一郎『「読者論」に立つ読みの指導　小学校中学年編』東洋館出版社、１８９―２０３頁
・宮川健郎（１９９６）『現代児童文学の語るもの』日本放送出版協会
・村上呂里（２００１）「娘が読む『父親の物語』―今西祐行『一つの花』―」（※同前②）、23―39頁
・山元隆春（２０１０）「今西祐行「一つの花」の授業実践史」浜本純逸監修『文学の授業づくりハンドブック　授業実践史をふまえて』溪水社、１１２―１２９頁

世界一美しいぼくの村

・勝倉壽一（２０１１）「『世界一美しいぼくの村』（東京書籍・小学四年）の読み」『東北文教大学・東北文教大学短期大学部紀要』1号、東北文教大学・東北文教大学短期大学部、1―8頁
・松本修（１９９７a）「文学教材の〈語り〉の分析について」『上越教育大学研究紀要』第17巻第1号、１４７―１５９頁
・松本修（１９９７b）「「比べ読み」「重ね読み」の授業」『Group Bricolage 紀要』No.15、Groupe Bricolage、2―6頁
・松本修（２０１１）　※同前
・松本修・河内一成（２０１２）「「世界一美しいぼくの村」を教材とした読みの交流の学習デザイン」『Groupe Bricolage 紀要』No.30、Groupe Bricolage、14―21頁
・山元隆春（２００５）　※同前
・「世界一美しいぼくの村」『新しい国語　四下　教師用指導書　研究編』東京書籍、１７６―２０３頁（２０２０）

初雪のふる日

・加古有子（２０１６）「『初雪のふる日』の表現研究―イメージ・価値観の転換および昔話らしさに着目して―」『名古屋学芸大学ヒューマンケア学部紀要』第9号、名古屋学芸大学ヒューマンケア学部、13―26頁
・高島亜由美（２００５）「安房直子の初期作品における〈色彩〉の役割」『国文目白』第44号、日本女子大学国語国文学会、86―97頁、
・中野登志美（２０１９）「安房直子『初雪のふる日』の教材研究―宮沢賢治『水仙月の四日』の比べ読みから生まれる読みの有用性―」『論叢 国語教育学』第15号、広島大学大学院教育学研究科国語文化教育学講座、43―53頁
・藤本芳則（２０１０）「安房直子の童話―〈異界〉をめぐって―」『大谷大学研究年報』第62巻、大谷学会、1―55頁
・萬屋秀雄（１９７９）「安房直子の空想物語についての一考察―『きつねの窓』『鳥』を中心に―」『児童文学研究』第10号、日本児童文学学会、8―15頁

ごんぎつね

・石井順治（１９８８）『こどもとともに読む授業』国土社
・上月康弘（２０２２）「比喩・象徴表現」「語り」『教育科学国語教育』No.８７３、明治図書出版、22―25頁
・小松善之助（１９８８）『教材「ごんぎつね」の文法』明治図書出版
・西郷竹彦（１９６８）『教師のための文芸学入門』明治図書出版
・鶴田清司（１９９３）『「ごんぎつね」の「解釈」と「分析」（国語教材研究の革新）』明治図書出版
・鶴田清司（２０２０）『なぜ「ごんぎつね」は定番教材になったのか―国語教師のための「ごんぎつね」入門―』明治図書出版
・寺島元子（２０１８）　※同前
・中里理子（２００５）「教科書教材に見るオノマトペ―特徴の整理とそれを踏まえた読解指導との関連を目指して―」『上越教育大学研究紀要』第25集第1号、上越教育大学、1―14頁
・中野登志美（２０２２）「教材の特性を生かした「学び」の授業開発―新美南吉『ごんぎつね』を例にして―」『国語科教育』第92集、全国大学国語教育学会、41―49頁
・西田太郎（２０１９）　※同前
・西田太郎（２０２０a）「〈問い〉づくりと交流のある読みの学習」松本修・西田太郎（※同前）、22―63頁
・西田太郎（２０２０b）　※同前
・府川源一郎（２０００）『「ごんぎつね」をめぐる謎　子ども・文学・教科書』教育出版
・松本修（１９９７a）　※同前
・松本修（２００６）　※同前
・松本修・西田太郎（２０１８b）　※同前
・山本茂喜（１９９５）「「ごんぎつね」の視点と語り」『人文科教育研究』22号、人文科教育学会、23―32頁
・山元隆春（２００５）　※同前

【執筆者一覧】（執筆順）

松本　　修　　玉川大学教職大学院教授

［はじめに］

西田　太郎　　兵庫教育大学大学院准教授

［小学３・４年物語教材を読み解く　教材研究の目］

坂本　龍哉　　神奈川県横須賀市立衣笠小学校

［ちいちゃんのかげおくり］

山口　政之　　敬愛大学教授

［わすれられないおくりもの］

上月　康弘　　松本大学講師

［おにたのぼうし］

佐藤　麻野　　東京都葛飾区立清和小学校

［サーカスのライオン］

渡辺　優菊　　東京都府中市立白糸台小学校

［モチモチの木］

鈴木　真樹　　神奈川県相模原市立九沢小学校

［白いぼうし］

古沢　由紀　　大阪府大阪市立柏里小学校

［一つの花］

小林　　圭　　東京都葛飾区立松上小学校

［世界一美しいぼくの村］

藤野　匡裕　　東京都板橋区立志村小学校

［世界一美しいぼくの村／単元計画と発問・交流プラン２］

佐藤　綾花　　東京都渋谷区立富谷小学校

［初雪のふる日］

大村　幸子　　お茶の水女子大学附属小学校

［ごんぎつね］

【監修者紹介】

松本　修（まつもと　おさむ）

玉川大学教職大学院教授。宇都宮市生まれ。筑波大学人間学類を卒業後，栃木県立高等学校国語科教諭，上越教育大学を経て現職。文学教材の教材研究，国語科授業における相互作用の臨床的研究を基盤にした読みの交流の研究を中心に行っている。

【編著者紹介】

山口　政之（やまぐち　まさゆき）

敬愛大学教育学部教授。東京は葛飾柴又の生まれ。千葉県内国公立小学校に25年勤務。上越教育大学大学院修了。東京学芸大学連合大学院博士課程満期退学。読み違いの諸相，音読の可視化，国語科学習デザイン等の研究を行っている。

西田　太郎（にしだ　たろう）

兵庫教育大学大学院准教授。博士（教育学）。広島県呉市生まれ。東京学芸大学を卒業後，公立小学校に勤務，その間に玉川大学教職大学院，日本体育大学大学院教育学研究科博士後期課程で学ぶ。群馬県内の大学での勤務を経て，現職へ。

小学校国語科　物語の教材研究大全　３・４年

2023年８月初版第１刷刊　©監修者　松　本　　修

編著者　山　口　政　之

西　田　太　郎

発行者　藤　原　光　政

発行所　明治図書出版株式会社

http://www.meijitosho.co.jp

（企画）大江文武（校正）奥野仁美

〒114-0023　東京都北区滝野川7-46-1

振替00160-5-151318　電話03(5907)6702

ご注文窓口　電話03(5907)6668

＊検印省略　組版所　中　央　美　版

Printed in Japan　ISBN978-4-18-364250-9